Más allá del infierno

Laura Bozzo Rotondo

Más allá del infierno

Autobiografía

indicios

Argentina – Chile – Colombia – España
Estados Unidos – México – Perú – Uruguay

1.ª edición

Copyright © 2018 by Laura C. Bozzo Rotondo
All Rights Reserved
Copyright © 2018 *by* Ediciones Urano, S.A.U.
Plaza de los Reyes Magos 8, piso 1.º C y D – 28007 Madrid
www.indicioseditores.com

Ediciones Urano México, S.A. de C.V.
Ave. Insurgentes Sur 1722-3er piso. Col. Florida.
CDMX, 01030. México.
www.edicionesuranomexico.com

ISBN: 978-607-748-119-5
E-ISBN: 978-84-17312-24-4

Fotocomposición: Ediciones Urano, S.A.U.

Impreso por: : Litográfica Ingramex, S.A. de C.V.
        Centeno 162-1. col. Granjas Esmeralda
        Ciudad de México, 09810. México.

Impreso en México – *Printed in Mexico*

Índice

A mis hijas, Victoria y Alejandra,
mis dos grandes amores y razones para vivir.

A la gente que amo y me ayudó a soportar
los días de infamia.

A la gente más humilde,
a los que sufren,
a los desprotegidos,
a los discriminados,
con ustedes me identifico y
les he entregado mi vida y mi corazón.

El arresto

¿Cómo fue que llegué a esto? Se trataba de una pregunta retórica. Por supuesto que sabía qué me tenía en esa situación. Pero al mismo tiempo, no podía dejar de cuestionármelo, en un intento, quizá vano, por obligarme a organizar cronológicamente los eventos y las decisiones que me habían llevado a este momento, en el que una camioneta me transportaba al canal, bajo la custodia de dos guardias.

La neblina que me vio llegar al aeropuerto era aun más densa incluso que cuando abandonamos el estacionamiento rumbo a la dirección que había declarado como mi domicilio en Lima. Mi mirada se perdió en los cristales ahumados del vehículo de la policía, y mi mente quedó anclada en lo que minutos antes había ocurrido. Aquello que cambiaría mi vida para siempre.

Me mudé a Miami en el 2000, justo cuando firmé contrato con Telemundo. El acuerdo, que incluía exclusividad de imagen, el alquiler de una casa y un buen arreglo económico, me permitía, además, algo que para mí era muy importante: poder conservar a mi equipo de producción original en Perú; finalmente nuestro trabajo conjunto había creado la fórmula que ahora nos tenía como el producto más rentable de la televisora en el mercado latino de Estados Unidos. Desde hacía dos años la rutina de trabajo dividía mi tiempo y por ende mis energías entre Miami y Lima;

pasaba quince días en cada ciudad, en la primera hacía promoción del programa de televisión y en la segunda grababa las emisiones.

Era una buena vida; viajaba de un punto a otro sin ninguna clase de problema, disfrutando de lo mejor de las dos ciudades, con la convicción de que era invencible y estaba cosechando los frutos de años de trabajo arduo, y sin embargo, las bienintencionadas advertencias venían de todos lados: «Cuídate Laura, las cosas por acá no andan bien. Ya se inició una cacería».

Pero, ¿qué podía hacer? ¿vivir con miedo? ¿huir de mi país? De ninguna manera. Ahora más que nunca estaba convencida de que «el que nada debe, nada teme»; no iba a renunciar a lo que me había ganado a pulso, y con esa idea en la cabeza cada quince días tomaba un avión a Lima para grabar mis programas. Sin embargo, aquel viaje fue distinto. Los rumores dejaron de ser lejanos y ahora los escuchaba cada vez más cerca, casi al oído y de parte de amigos y de gente relacionada con mi producción.

KERO Producciones y Monitor, su estudio, era la casa productora de Telemundo en Perú, el dueño de mi programa. Era en su sede, con sus técnicos y equipo de producción, donde grababa los episodios que luego se trasmitían en Miami y otros países. Ximena, la gerente de esa productora, llevaba varios días grabando y poco antes de empezar con la jornada de aquel día, se acercó a mí. Con un tono de voz impaciente y las manos sudorosas, me contó lo que se decía en la televisión. «Laura: en su corte informativo, Frecuencia Latina (una cadena de televisión) acaba de anunciar que la fiscalía tiene un caso armado en tu contra. Que tienen pruebas que te ligan con Vladimiro Montesinos». Mientras decía esto, manoteaba y repetía una a una las palabras de la nota que acababa de ver en la televisión. «Hazme caso: toma tus maletas y vete de Lima». Aunque lo hubiera intentado, Ximena no podía abandonar el tono de preocupación. Le temblaba la voz.

Estábamos discutiendo este asunto cuando entró Marisol (mi amiga entrañable) junto con mi abogado. Los tres hicieron frente común para intentar convencerme de abandonar Lima en ese preciso momento. Era una lucha de posiciones inamovibles: ellos pidiendo que me fuera y yo decidida a no hacerlo. Estaba convencida de que no había nada de lo que pudieran acusarme porque no había hecho nada malo. Esa fue una de las tantas veces en las que no escuché el consejo de Ximena, que, como siempre, solo deseaba lo mejor para mí.

El miércoles 17 de julio de 2002 salí del hotel con mi hija Alejandra y mis colaboradores más cercanos con rumbo al aeropuerto de Lima. Era una mañana gris, pero nada me hacía temer por mi futuro inmediato. Terminado el trabajo allá, armamos maletas y salimos con el tiempo justo para abordar el avión de las 13:00 horas. Todo parecía normal; incluso la rutina era la de siempre: dos pasos, una parada, dos pasos y otra parada. Ya fuera para pedirme una foto, un autógrafo o escuchar a alguien desesperado contarme sobre una injusticia con éste o aquél. Pero por más prisa que tuviera, siempre me detenía gustosa porque sabía que le debía todo a esas personas que depositaban su confianza y esperanza en lo que pudiera hacer por ellos.

Pasaron cuarenta minutos, y Alejandra y yo ya habíamos documentado y pasado migración. En la sala de espera, el altavoz anunciaba el inicio del abordaje del vuelo con destino a la ciudad de Miami. Todo parecía normal: en quince días más regresaría a Lima, grabaría una nueva tanda de programas y la rutina se repetiría como siempre.

Pero ese día nada iba a ser rutinario. Cuando nos acercamos al módulo para entregar el pase de abordar, dos oficiales me interceptaron. Me miraron fijamente, pero en sus rostros no había expresión, estaban como vacíos. Solo dijeron: «Señora Laura Bozzo, está usted detenida». Sentí que el suelo se abría a mis pies. Todo era demasiado absurdo para ser real. Por un instante recordé las advertencias de Ximena, la insistencia de Marisol y de mi abogado en que debía irme inmediatamente de Lima, y lamenté no haberlos escuchado.

Las miradas de los demás pasajeros se clavaron a mí. Si alguno no me había reconocido, en ese momento no quedaba duda alguna de mi presencia ahí, en el aeropuerto, en esa sala de abordar. Después de esa frase surgió un murmullo que en segundos se convirtió en cuchicheo. Escuché perfectamente la sentencia y sin embargo contesté: «¿Qué dice usted?». El oficial me devolvió una vez más su mirada de hielo, mientras me respondía: «Qué está usted detenida y nos tiene que acompañar». Sin embargo, bajó el tono de la voz mientras terminaba la oración.

No era un chiste. Tampoco era un sueño; acaso una pesadilla. Dos elementos de la policía de Lima estaban parados frente a mí diciéndome que no abordaría el avión porque tenía que acompañarlos a quién sabe dónde. Entonces respondí, casi por acto reflejo «¿de qué se me acusa? Muéstreme la orden».

El tiempo se volvió relativo. Mis ojos captaban en cámara lenta todo lo que ocurría y al mismo tiempo mi mente viajaba a mil revoluciones por segundo, tratando de entender esa escena disparatada. Aunque por supuesto que sabía de qué me acusaban y de parte de quién venía aquella orden. Pero me pareció que tardaron muchos minutos, una eternidad, en responder: «No necesitamos orden para detenerla y los detalles se los darán tan pronto la trasladamos a un lugar de resguardo».

Sentí una fuerte presión en la cintura y en el muslo, y eso fue lo que me devolvió a la realidad. Era mi hija Alejandra, con apenas trece años de edad, que se aferraba a mí y gritaba, espantada «¡¡Mamá, qué pasa?! ¡¿Mamá, por qué esos hombres te quieren llevar?!». «Por favor acompáñenos», decían los oficiales, y yo me dividía entre calmar a mi hija y pedir que me explicaran de qué se trataba aquello. Lo que más me preocupaba, por supuesto, era ella. Se veía tan vulnerable, sin poder soltarme. No podía soportar que sufriera, y hubiera hecho cualquier cosa por evitarle ese mal momento.

Solo cuando intervino el personal de la aerolínea tuve otro momento de lucidez. La sobrecargo que revisaba el pase de abordar y el documento de identificación me dijo: «Señora Bozzo, el sello en su pasaporte indica que todo está en regla y no tiene impedimento para salir. Si usted gusta puede subir al avión y volar sin problemas. Nada le impide abandonar el país; ya pasó el control de migración».

Como soy descendiente de inmigrantes, desde hacía muchos años viajaba con mi pasaporte italiano. En el paso por migración no tuve problemas para que me pusieran el sello de salida y tampoco había una orden judicial que me impidiera abandonar Lima.

Por un lado, miraba a los policías que me pedían que los acompañara, y por el otro, a los empleados a cargo del abordaje que me invitaban a subir al avión. Entonces, una a una, recordé las advertencias de aquellos que me querían y se habían preocupado por mí, pero también me vino a la mente eso que siempre había creído: «el que nada debe, nada teme». ¿Por qué no simplemente subía al avión y me olvidaba de aquello? Porque sin importar los cargos que me fueran a presentar tenía plena certeza de dos cosas: la primera, que no había cometido ningún ilícito, y la segunda, que este atropello tenía que ver con Zaraí.

Entonces, me quedó claro lo que tenía que hacer. No tenía una sola duda. No iba a permitir que terminaran con mi carrera y mi nombre, aunque sabía que lo que querían era vengarse y destruirme. Partir de Lima en esas condiciones era validar *de facto* las acusaciones que incluso yo desconocía en ese momento; era abandonar a mi equipo de trabajo ante la imposibilidad de regresar, y era defraudar a un público que siempre se había mostrado cálido conmigo y que me había brindado su confianza. Estaba completamente segura de que mi «crimen» era una cuestión política. Después de pensar en todo esto, tomé una decisión. Les dije: «Está bien. Los acompaño. Si hay una investigación en mi contra yo me quedo a aclararlo».

Fue un momento que nunca se borrará de mi mente, porque Alejandra gritaba y lloraba desesperada. Tan pronto acepté ir con ellos, una mujer policía se acercó para, literalmente, «arrancarla» de mí, al mismo tiempo que le decía: «No te preocupes Alejandrita, todo va a estar bien». Le hablaba con tal cariño a mi hija, y se dirigía con tanto respeto hacia mí que me di cuenta que le estaba costando mucho trabajo disimular la cara de pesar que le causaba tener que participar en esa detención. Por un momento pensé que esa amabilidad por parte de los policías solo existía en mi imaginación, pero más tarde ellos mismos me confirmaron que también se les hacía muy difícil tener que cumplir una orden infundada. Además, me pidieron mantener la calma y tener fe en que todo se arreglaría.

Encaminaron a mi hija hacia la puerta de la sala donde aún estaban su mejor amiga y mi jefe de seguridad, quienes habían ido a despedirnos al aeropuerto. Una vez que vi que Ale ya estaba con esta gente de toda mi confianza, empecé a caminar con los guardias. Entonces, me preguntaron: «¿Cuál es su domicilio?» Ni por un momento lo dudé y contesté: «Van Gogh 333, San Borja»... Era la dirección de las oficinas de Monitor en Lima, mi centro de trabajo, y la que más tarde también se convertiría en mi casa.

Franqueada por los oficiales, caminé tratando de ponerle nombre a los sentimientos que en ese momento experimentaba. Me di cuenta de que no era miedo, sino simple y llano terror lo que me invadía. Mi arresto, a solo unos metros de abordar el avión, era un atropello y fueran cuales fueran los argumentos para solicitarlo estaba segura de que se trataba de un infundio. Yo sabía que no había participado en actos ilícitos o de corrupción, en ese entonces motivos suficientes por los cuales capturaron y enjuiciaron a personajes públicos vinculados al expresidente Alberto Fujimori y a Vladimiro Montesinos, que era uno de sus más cercanos colaboradores.

Abordé la camioneta todavía sumergida en un *impase* mental que solo me dejaba pensar que era inocente, que nada podía señalarme como criminal y que sería cuestión de horas, tal vez de un día o dos, para aclarar mi situación legal y volver a Miami, a mi trabajo y a mi vida normal. Nada, absolutamente nada, me hacía sujeto de detención. Nada, excepto un ajuste de cuentas por haber presentado el caso de Zaraí.

«Señora Bozzo, no tenemos más información acerca de porqué está usted detenida, recién recibimos la orden y vinimos a ejecutarla, pero no se preocupe; seguro pronto todo se aclarará», me decía uno de los policías que ocupaba el asiento frente a mí, intentando tranquilizarme. También aquello era inaudito: los oficiales que estaban a cargo de ejecutar esta orden eran los primeros en lamentar tener que hacer lo que hacían; me ofrecían palabras de consuelo y me trataban con gran respeto, como si fuera yo su jefa o algo así… No estaban trasladando a una criminal, custodiaban a una víctima, y con sus palabras y actitudes me lo confirmaban.

Apenas subimos, tomé el teléfono para avisarle a Ximena: «Me dieron arresto domiciliario; voy para allá». Aunque iba bajo custodia, los policías no hicieron el menor intento por confiscar mi teléfono o pedirme que no lo usara. Ximena se puso en contacto con Telemundo en Miami para contarles lo que ocurría, en espera de que alguien le diera instrucciones. Era todo tan absurdo, que hasta me la podía imaginar claramente, diciéndoles: *Su conductora viene hacia el canal en un convoy, custodiada por policías, para quedar en arresto domiciliario dentro de sus instalaciones. ¿Qué hago?* ¡Por supuesto que nadie se atrevía a decirle qué hacer! ¡Era inaudito! ¡No había un referente de la situación ni en el canal ni mucho menos en el mundo!

Desde Miami le pedían a Ximena que esperara a que el departamento legal evaluara la situación para indicarle cómo tenía que proceder. Nuevamente el tiempo se mostró voluble: para ella, transcurría incesante, devorando segundos en los que nadie le decía nada; y para mí, se volvió eterno. No sé cuántos minutos después la camioneta se detuvo en la dirección que di como mi lugar de residencia. El departamento legal en Miami no resolvía, pero Ximena, como toda buena gerente y productora, lo hizo.

Para cuando llegamos a Monitor, todo Lima estaba a punto de enterarse de mi arresto. Decenas de reporteros esperaban impacientes a escasos metros de la puerta, listos para tomar las fotos de Laura Bozzo arrestada y esposada; unos se habían trepado a los techos de las camionetas; otros estaban encaramados en escaleras portátiles y unos más en las bardas. Si yo era un artífice de la «televisión basura», como llamaba el régimen a todo lo que venía de la oposición, nadie quería quedarse sin documentar el arresto de la reina de esa televisión.

Sin embargo, estos periodistas tuvieron que conformarse con verme bajar de la camioneta ayudada por los custodios que me acompañaron en el trayecto, pues apenas puse los dos pies en el piso, uno de los guardias me dijo: «Oiga, pero esto no es su casa. Aquí es un canal de televisión». Pero yo seguí sobre mis pasos, apresurándome a cruzar la puerta que se encontraba resguardada por la seguridad privada de aquellas oficinas, y entonces exhalé con alivio para decir: «Sí, pero también es mi casa cuando estoy en Lima».

Tan pronto vieron que se acercaba el convoy a Monitor, los elementos de seguridad del canal le avisaron a Ximena que yo estaba a punto de llegar, de tal suerte que cuando crucé la puerta, ella ya estaba ahí, en su papel de siempre: dirigiendo a las personas y arreglando de la mejor manera la situación.

Ximena se impuso a los policías para recibirme y conducirnos a todos a su oficina; ella jamás iba a permitir que yo permaneciera un minuto más en la calle, al alcance de las cámaras, para que los medios documentaran lo que ambas sabíamos era parte de una persecución política. Una vez adentro, ella exigía que le dieran explicaciones: «¿De qué se trata todo esto? ¿Quién está a cargo?», preguntaba, mirando con decisión a los oficiales.

El policía encargado informó a Ximena que la justicia de Perú tenía una averiguación en mi contra, que había ordenado una detención preventiva para evitar mi huida y que en las próximas horas se llevaría a cabo una audiencia para escuchar, por parte de un juez, todos los detalles de los cargos que se me imputaban, así como de mi situación legal. El documento que leyó Ximena, con incredulidad pero con mucha atención, señalaba que yo había recibido dinero del erario público así como joyas a cambio de favores. Todos estos hechos eran, por supuesto, inventados. Por el momento, lo único que necesitaban los oficiales que me custodiaban era que la persona que estuviera a cargo de las instalaciones del canal firmara el documento del arresto domiciliario para quedar como responsable de que yo permanecería en ese edificio y, además, que nos «mostráramos generosos» con la autoridad para que yo recibiera un buen trato, y que ese arresto domiciliario no se convirtiera en una custodia en prisión.

No lo dudó ni un instante: Ximena firmó porque ella era quien estaba a cargo de la oficina de Monitor y también era el enlace entre aquella sede y las oficinas de Telemundo en Miami. Después se ocuparía de avisar a los jefes sobre lo que ahora ocurría. Luego de la firma, la mitad de los guardias que formaban parte del convoy de traslado se retiraron, y solo permanecieron dentro de las instalaciones dos policías, y otros dos más afuera del edificio, montando una guardia permanente.

Telemundo autorizó que me dieran un adelanto de mi sueldo para poder hacerle frente a los gastos que traería como consecuencia esta situación, y que comenzaron con la «generosa» aportación que solicitaban los policías y continuaron con los honorarios de una larga lista de abogados que trabajaron, y no, para resolver mi situación legal. En su mayoría lo que hicieron fue quedarse con todo el dinero que gané durante todos esos años de trabajo duro, así como con mis ahorros.

Solo entonces, apoyada por Ximena, tuve cabeza para llamar a mi gente. Primero me comuniqué con mi hija Victoria, que estaba estudiando la universidad en Los Ángeles. Después de escuchar mi relato quedó prácticamente en estado de *shock;* no podía creer lo que estaba pasando. Luego, llamé a mi hermana, que ya se había enterado de lo ocurrido porque mi jefe de seguridad le llevó a Alejandra. Así que en ese momento mi llamada la tranquilizó, porque durante horas no supieron de mi paradero. También me contacté con mis padres, que se habían enterado del arresto por la televisión, y de inmediato mi mamá me reclamó: «Te lo advertí. ¡Para qué te metiste en el lío de Zaraí, debiste pensar primero en tus hijas!». Localicé a Cristian, mi pareja, quien incrédulo ante lo sucedido, se movilizó para tomar el primer vuelo hacia Lima para acompañarme.

El tiempo seguía jugando en mi contra. No sé si fueron horas o minutos los que estuve relatando a Ximena y a Marisol, una de las primeras en llegar al canal, cómo había ocurrido todo en el aeropuerto. Inevitablemente vinieron los reproches, pues ambas me habían advertido que esto podía suceder, y me reclamaron que debí haberme ido del país cuando me lo pidieron. Aún con una orden de arresto domiciliario no pudieron hacer que cambiara de opinión sobre lo que yo creía que era lo correcto: demostrar a todo el mundo que no había cometido ningún delito y que este atropello tenía todo el tinte de revancha política.

La noche llegó y con ella el arropo de mi familia y amigos, quienes llegaron al canal para demostrarme su solidaridad y apoyo. No necesité que Germán Larrieu, el primer abogado que contraté, me explicara que se trataba de un acto ilegal y arbitrario; yo también soy abogada y lo sabía desde que acepté quedarme en Lima sin una orden judicial que justificara el arresto, pero era urgente que este abogado se encargara de averiguar las imputaciones que se me hacían y que iniciara, de inmediato, las acciones pertinentes para devolverme mi libertad.

Ya entrada la noche todos se marcharon. Solamente Ximena, con su lealtad a toda prueba, se quedó conmigo en el lugar que se convertiría en mi todo: mi centro de trabajo, mi oficina, mi casa y mi prisión. En cuestión de horas mi vida había dado un vuelco completo. Fue aquella la primera de muchas noches sin dormir; tan solo el inicio del periodo más oscuro y tormentoso de mi existencia.

Con los sillones de la sala que se encontraba en la oficina de Ximena improvisamos nuestras camas. No hablamos. La tristeza, la incredulidad y el cansancio ya habían hecho mella en nuestro ánimo. Pasé las largas y frías horas de esa madrugada repasando todos los momentos que conformaron ese miércoles 17 de julio, desde que tomamos las maletas para ir al aeropuerto, hasta el llanto incontenible que solo me permití desbordar una vez que estuve en la intimidad con los míos, donde me sentía segura y podía permitirme un gesto de vulnerabilidad.

Solo entonces dejé que toda la furia acumulada saliera. Sentía una rabia inmensa por la arbitrariedad que estaban cometiendo en contra mía. Estaba segura que no tomaría más de 48 horas exhibir el atropello de las autoridades peruanas, y que para el fin de semana ya estaría en Miami hablando de esto. Tal vez debí reparar más en el rostro de Cantúarias: sombrío, desencajado… verdaderamente preocupado. Ximena desde entonces veía con menos optimismo la situación, pero ya no me dijo más nada.

¿Cómo fue que llegué a esto?, me volví a preguntar, y como quién se encuentra ante el umbral de la muerte acudieron, uno a uno, los recuerdos que forman la historia de Laura, la *Diva Cautiva*, como comenzaban a llamarme en medios.

¿Quién es Laura Bozzo?

Me convertí en uno de los temas favoritos de todos los programas de espectáculos y noticieros de radio y televisión. Todos los periódicos escribían sobre mi detención, y por supuesto, la noticia no paró en Perú, se extendió como reguero de pólvora en todos los países donde se transmitía mi programa, y diría, sin temor a exagerar, que también en el resto del mundo. No era para menos; mi historia era jugosa: me convertía en la primera conductora que vivía su arresto en un set de televisión.

Se regodeaban en los detalles; aun a costa de inventarlos. Especulaban sobre delitos que yo todavía no había visto en una acusación formal. Mencionaban falsedad genérica contra la fe pública y complicidad en peculado. No se remitían a pruebas fehacientes ni se molestaban siquiera en consultar la información de fuentes oficiales, pero aun así muchos medios de comunicación consignaban montos y reuniones con funcionarios de gobierno donde supuestamente se habían establecido acuerdos para desprestigiar a políticos y opositores al régimen de Alberto Fujimori, presidente del Perú en la década del 1990 al 2000.

Había otros que llegaban todavía más lejos: se aventuraban a hablar de un intercambio de favores más añejo, en el que, a cambio de recibir remesas mensuales, había aceptado apoyar la campaña de reelección de Fujimori. Ni siquiera había una mínima concordan-

cia en los millones que supuestamente habría recibido. Y yo todos los días pedía a mis colaboradores y amigos que me llevaran
un ejemplar de cada periódico y revista; me comportaba como una
masoquista. Leía todo aquello que se escribía sobre mí, con una mezcla de indignación, enojo e impotencia... Pero sabía que en ese
momento solo me correspondía guardar silencio y no dar declaraciones.

Tres días después de haber sido arrestada, comparecí ante el
juez Saúl Peña Farfán, para que me leyera los cargos. Hasta entonces comenzó a integrarse el expediente, lo que constituyó la primera omisión en mi caso. En la audiencia me informaron que el
arresto domiciliario en el que me encontraba me obligaba a no
hablar públicamente sobre mi situación legal (que estaba recién
abierta en un expediente) ni sobre la investigación (que, por cierto, aún no iniciaba).

Esa restricción «mordaza» tuvo una consecuencia inmediata:
mi imagen sufrió un desprestigio inmerecido. Como no podía dar
mi versión, los hechos se tergiversaron y los medios llenaron el
vacío de información con especulaciones y supuestos que solo me
hacían pensar en que, de haber recibido todo ese dinero que se
mencionaba, habría podido establecerme en otro país por lo menos desde dos años antes de mi arresto, sin volver a pisar tierras
peruanas.

La realidad echaba por tierra la inconsistencia de lo que la
prensa nacional y extranjera consignaba sin escrúpulos. Yo conti-
nuaba trabajando en Perú, mi familia seguía en el país y en ningún
momento hice algún intento por modificar mi situación migratoria
en Estados Unidos, donde ahora estaba mi principal fuente de
trabajo y de donde provenían mis ingresos.

Sobra decir que a estos periodistas se les olvidó su obligación
de iniciar una investigación rigurosa antes de informar. Un vistazo
a mi pasado familiar y trayectoria profesional habría dejado en
claro que las acusaciones eran infundadas, y que mi nombre se

sumaba a la lista de perseguidos políticos que debían rendir cuentas ante el régimen actual por «las incomodidades causadas».

* * *

Perú es una tierra llena de riquezas; quienes la visitan por primera vez no pueden menos que maravillarse ante su multiplicidad de ecosistemas, su exuberante vegetación y su fauna diversa. También es un país milenario, con una historia y diversidad cultural sorprendentes. Los incas se establecieron en el siglo XIII d.C. en la región de Cuzco, y al expandirse por territorio andino, construyeron el imperio incaico o Tahuantinsuyo, en lo que ahora son Perú, Bolivia, Chile, Ecuador, Argentina y Colombia.

Su geografía ha dotado al Perú de paisajes prodigiosos; por ello, el turismo es la tercera industria más importante de nuestra nación. La gastronomía peruana también es uno de los tesoros que podemos presumir al resto del mundo, porque gracias al mestizaje heredó sabores de sus inmigrantes españoles, africanos, chinos, japoneses e italianos. Nadie viene a Perú sin probar el ceviche, el anticuho, la causa, el lomo saltado o un buen tiradito. Lima es, en definitiva, la capital gastronómica de América Latina.

La tierra en la que nací alberga una franja desértica considerada la más árida del mundo, con una alta concentración de humedad debido a su cercanía a la costa. Es un país bañado por las aguas del Pacífico que se extienden desde el norte de Ecuador hasta el sur de Chile. Montañas, selva, bosques, mar... la relación de los peruanos con la naturaleza tiene mucho que ver con su desarrollo como pueblo. Su gran extensión costera es una de las razones principales por las cuales la pesca es una de las actividades económicas más importantes en mi país.

La playa de Huanchaco (que significa «laguna con peces dorados») es mundialmente famosa por su tradición pesquera. Aquí abunda una planta fibrosa llamada totora, con la que indígenas

mochicas y chimúes fabricaban desde hace cientos de años pequeñas embarcaciones con las que se hacían a la mar para pescar. Los
caballitos de totora, como se les conoce a estas embarcaciones, son
tripuladas por un solo pescador que sortea las olas del cristalino
mar de Huanchaco. Se dice que fue en esta playa, con los caballitos
de totora, que se inventó el *surf*.

Aun en la actualidad es posible ver a los grupos de pescadores
en sus pequeñas embarcaciones que traen consigo la pesca del
día, conseguida aún con las técnicas artesanales, luego de una
larga jornada. La llegada de estos pescadores sigue siendo un
espectáculo para visitantes nacionales y extranjeros, y gracias a
ellos, es que Perú es mundialmente reconocido como un país
pesquero que se ha esforzado no solo por conservar las técnicas
de los indígenas que poblaron esta tierra hace cientos de años,
sino porque es una preocupación actual de la industria el conservar la grandeza de este ecosistema con técnicas amigables con la
fauna marina.

A esta actividad, y a aquella filosofía, se unió mi familia materna, cuando huyendo de la Guerra Mundial en Europa, mi abuelo,
Roberto Rotondo Grimaldi, y su familia salieron de Italia y se
instalaron en Perú. Aquí encontraron una tierra que les abría los
brazos y les daba las condiciones ideales para trabajar y construir
desde cero un patrimonio para ellos y sus descendientes.

Mi abuelo Roberto Rotondo Grimaldi era hijo de italianos,
Antonio Rotondo y Victoria Grimaldi. Mi Tata, como yo le decía,
era un hombre muy guapo, que había nacido en el sur de Italia. Era
alto, delgado y disciplinado en todos los aspectos de su vida; tenía rutinas establecidas para todo. Como muchos inmigrantes, al
llegar a un nuevo país, estaba deseoso de forjar un patrimonio,
quería marcar una diferencia, dejar un legado, y por ello se dedicó en cuerpo y alma a lograrlo: tenía horarios muy estrictos y
consagró su vida al trabajo y a la familia. Era más bien solitario,
no se le conocían amigos y tampoco organizaba fiestas en las que

él fuera el anfitrión. Para él, la familia era el núcleo que contenía todo lo que necesitaba, y por eso se debía a cultivarla.

La misma disciplina laboral la llevó a su vida personal. Cuidaba mucho su aspecto físico, hacía ejercicio con regularidad y no tenía ninguna clase de vicios. Al mismo tiempo, era un hombre hipocondríaco; tenía muchas manías con respecto a la salud. Cuando yo era niña me cargaba todo el tiempo y no dejaba que yo pisara el piso porque pensaba que podía contagiarme con algún germen. De esta manera comenzó a engreírme.

Roberto Rotondo era un hombre culto y con hambre insaciable de aprender. Tenía muchos libros en casa y me leía pasajes de la historia universal, de geografía, de muchos otros temas. Fue a través de él que yo conocí que el mundo era más grande que el lugar donde había nacido. Mi Tata sembró en mí las ganas de conocer y de aprender.

Debo decir que él fue el hombre al que más he amado. Porque su cariño y la forma en la que me procuraba constituyeron los cimientos de la persona en la que me convertiría al paso de los años. Roberto Rotondo, al lado de mi abuela Laura, fueron siempre una fuente de amor y de cariño incomparable. Como era la nieta mayor, me convertí rápidamente en su adoración. La primera persona que me cargó al nacer fue mi abuelo, y según me contó mi tía Checha, hermana de mi madre, él cambió por completo y se volvió una persona mucho más cariñosa de lo que jamás había sido con sus hijos.

Ser inmigrante no es fácil. Es gente valiente, que se atrevió a atravesar el océano, sin un centavo, habiendo dejado toda una vida detrás, cargando solo sus sueños y esperanzas, como mi familia. Son personas que deben tener bien claras sus aspiraciones y anhelos, que deben reunciar a todo lo que conocen y luchar con valentía para conseguir lo que quieren, aun en los casos en que el panorama se les presente adverso. Es por ellos, mis antepasados, que esfuerzo y trabajo son palabras que me han acompañado a lo largo de toda mi vida. Y de ellos aprendí los mejores ejemplos de cómo hacer frente a las dificultades con la única herramienta de mi esfuerzo y dedicación para conseguir mis metas.

De pronto acuden a mi mente los recuerdos de mi infancia. Y sonrío al ver a esa güerita, muy alta para el promedio de las niñas peruanas, extremadamente flaca, miembro de una familia de empresarios dedicados a la pesca y a la construcción, ¡que además gritaban y manoteaban al hablar! Esa niña era yo, Laura Bozzo. Sí, me sentía rara, anormal en un entorno donde nadie se me parecía o compartía mi forma de expresarme. Salir de casa era como integrarme a un mundo aparte, donde mis gestos y ademanes parecían exagerados. Pude darme cuenta de la magnitud de esas diferencias y aceptar que siempre sería una niña «rara», hasta que mis padres me llevaron a Italia por primera vez. Ahí me sentí como en casa, ahí formaba parte del todo; por fin estaba con los míos. Fue como unirme a esa cadena de la cual yo era un eslabón extraviado. A partir de ese momento entendí que no solo era peruana, sino también italiana.

La verdad es que la vida no me cambió ni dejé de sentirme rechazada, pero sí pude entender porqué había pasado todos esos malos momentos en el colegio.

Cuando era niña, mi vida transcurría entre dos realidades con escenarios diferentes; por un lado, mis abuelos, cuya existencia parecía consagrada a engreírme y todo el tiempo me llenaban de regalos. Aunque la verdad es que quien lo hacía más era mi Tata. Laura, mi abuela, provenía de una familia que lo perdió todo y siempre fue una mujer extremadamente generosa, y me inculcó el valor de ayudar a los demás. Esa era su mayor felicidad; cuando me quedaba en su casa a dormir, siempre desaparecía la mitad de mi ropa porque ella la regalaba. Solíamos fastidiarla diciéndole que no se regalaba a ella misma porque nadie la iba a recibir. Durante las navidades lo más importante para ella era llenar de regalos a la gente que menos tenía. Llegó al extremo de que cuando murió mi abuelo, uno de los pesqueros más importantes del Perú, se quedó sin nada, excepto su casa, unas cuantas faldas y sacos negros, porque todo lo demás se lo dejó a sus hijos o lo regaló a las diferentes personas a las que ayudaba.

Definitivamente, mi abuela Laura marcó mi vida de una manera indeleble y fue el ser que me hizo sentir, junto con mi Tata, que era una persona valiosa, amada y aceptada. Ellos alentaron mis sueños de que podía llegar a donde quisiera si me lo proponía. Mi Tata hablaba de la cibernética de la mente. Constantemente me decía de que uno atraía lo que quisiera; comparaba la mente con una computadora a la que tú mismo programabas para tu éxito o tu fracaso. Muchos años después leí en el libro *El secreto* (Rhonda Byrne, 2006) los mismos consejos que me daba mi abuelo.

Dije que mi vida transcurría entre dos realidades: la segunda era en casa, con mis padres. Mi papá era el ingeniero Miguel Bozzo Chirichigno; su trabajo fue siempre destacado y galardonado en el Perú y en el resto del mundo. Se le reconoció como uno de los mejores estructuralistas. Mi madre, Victoria Rotondo, era todo lo contrario a una mujer «normal» en esa época en el Perú. Al contrario de muchas otras, ingresó a la universidad, era brillante para los negocios y siento que de alguna manera la frustró no dedicarse a lo que le gustaba. Se casó muy joven; acostumbrada a tenerlo todo, siento que no estaba preparada para convertirse en esposa a la edad que lo hizo. Para complicarla, nací yo al año y no fui hombre como ellos hubieran deseado, algo que a mí me marcó desde mi nacimiento. Mi familia estaba compuesta por mis dos padres y mis cuatro hermanos: Susana, Juan, Miguel y Luis.

Durante mi infancia la relación con mi padre no era notoriamente cercana, sin embargo debo reconocer que esto cambió con los años. Era obsesivo con su trabajo, como podría esperarse de alguien tan exitoso. Yo sentía que, para él, sus obras eran mucho más importantes que yo. Por si fuera poco, cuando nació Susana se convirtió en su consentida. La llamaba Pepo (un apodo cariñoso, pero masculino) porque en el fondo mis padres seguían anhelando tener hijos varones.

Con un padre tan preocupado por su trabajo, tuve mucha suerte de que mi mundo lo abarcaran mis abuelos; era alrededor de ellos donde giraba mi vida. Si me enfermaba, de lo que fuera, el abuelo viajaba desde La Punta, Callao (a una hora de mi casa) para recogerme y llevarme con ellos; y si esto no ocurría yo armaba un tremendo escándalo y no paraba de llorar hasta que lo conseguía. Mi *mamamá* Laura me contaba que desde bebé, cuando mi madre venía a recogerme (yo pasaba largos periodos en ambas casas), durante la hora que duraba el trayecto hasta mi casa lo único que hacía era llorar y dar de gritos en el auto, con lo que provocaba, por supuesto, que mi madre se pusiera histérica y manejara otra hora de regreso para, literalmente, tirarme en los brazos de la abuela, diciéndole furiosa: «¡Si quieres criar hijos, cría hijos!» A final se marchaba sola, de vuelta a su casa. Solo hasta que me convertí en madre, entendí el dolor que debía haber sufrido.

Por el lado de la familia de mi papá, mi abuelo murió en un accidente de tráfico antes de que yo naciera. Y mi abuela Gerarda vivió con nosotros durante muchos años. Para mi madre, tan consentida de soltera, fue difícil casarse joven y encima vivir con su suegra. Mi relación con la abuela fue bastante complicada; su adoración era mi hermana Susana, a la que llamaba pimpollo (que quiere decir «pétalo de rosa» en italiano). Era una mujer que no olvidaba su lengua materna y continuamente la hablaba, tenía un carácter bastante difícil, pero aun así siento mucho no haber podido conectar con ella y conocerla más. Tenía otros dos hijos con los que mi familia nunca tuvo mucha relación; todo giraba alrededor de la familia de mi madre.

Mis tíos Roberto y Checha, hermanos de mi mamá, siempre fueron mi adoración y sus hijos, mis primos, como mis hermanos. Hubo un hecho trágico que marcó un antes y un después en mi familia: la muerte de Robertino, mi primo, de tan solo 14 años de edad, en un accidente de moto dentro de un estacionamiento. Yo estaba en Venezuela y para mí fue una noticia terrible enterarme de que a los seis meses de la muerte de mi abuelo Roberto Rotondo, muriera mi primo. Y lo peor fue que el accidente se suscitó en nuestro departamento de Ancon. Esto lo cambió todo porque él era muy unido a mi familia, como un hermano más, y mis padres lo adoraban. Toda su familia se mudó con nosotros. Mi último recuerdo con él fue que todos los primos nos fuimos a cenar y luego nos dormimos, juntos antes de que yo me fuera a Venezuela a estudiar.

Puedo decir que mi tía Checha era la más cercana a mí, me entendía. Era muy diferente al resto de sus hermanos; era reflexiva, amorosa y sabía escuchar, siempre tratando de comprender. Para mí, sus hijos Silvio, Sergio y mi favorito Claudio, fueron y siguen siendo mis hermanos. No voy a contar las travesuras que hacía con Silvio; solo diré que formamos el club de los tres valientes en el que también estaba Susana, mi hermana.

La presencia de mi tía Checha fue fundamental en mi vida. Definitivamente me entendía más con ella que con mi madre. Sabía, y todavía sé, que puedo contarle todo y que me escuchará para darme un buen consejo, sin juzgarme. Ella y mi *mamamá* fueron dos mujeres que hicieron gran contrapeso para formar mi personalidad; estoy segura de que fueron el ancla que me mantuvo en la Tierra.

Debo confesar que no fui fácil de educar. Encontré en la agresividad una herramienta para ocultar mi timidez y mis múltiples inseguridades. Solo estando en casa de mis abuelos me sentía segura; era como si fuera dos personas, una con ellos y otra con mis padres.

También tiendo a observar una actitud a la defensiva que en mucho le debo a las malas experiencias en el colegio, donde me sentí víctima de rechazos y discriminación durante los primeros años. Cuando entré a la escuela, mi madre tuvo que quedarse sentada en la banca de atrás durante un mes para que no me diera un ataque de histeria. Aunado a ello, un poco apoyada por el trato que me daba mi abuelo, era (y sigo siendo) muy engreída (consentida, dirían acá): siempre me metía en problemas en el colegio, me gustaba romper las reglas, quería llamar la atención porque me sentía menos; obviamente, tenía muchos complejos. Ahora que lo recuerdo me doy cuenta de que le di muchos disgustos a mi madre, que era la más preocupada por mi forma de ser, porque hacía muchas salvajadas (travesuras sin medir consecuencias) y era como la líder de mis hermanos. Cuando mis padres no estaban los incitaba a hacer locuras, en especial a mi hermano Miguel, con quien me escapaba en moto cuando teníamos yo 15 y él, 10 años.

Mi forma de ser contribuyó en mucho a que la relación con mi madre siempre fuera tensa, y no lo cercana y amorosa que yo hubiera querido. Por el lado de mi papá, su familia no tenía el mismo nivel económico que la de mi mamá. Contaba mi padre que cuando conoció a mi mamá, ella andaba en un Cadillac y él no tenía carro. Lo primero que hizo fue salir y comprarse uno, ya que a pesar de que estaba recién egresado de la universidad, fue el ingeniero que construyó el Estadio Nacional del Perú. Fue con esta obra con la que, por primera vez, ganó muchísimo dinero que guardaba en un cajón de su cuarto. Entonces, para no sufrir una humillación delante de mi madre se compró un carro más moderno que el de ella y aprendió a manejar.

Mi padre siempre tuvo una fuerte determinación para salir adelante y darle a su familia el mejor nivel de vida, pero sobre todas las cosas amaba su profesión y eso me lo inculcó a mí: que más allá del dinero que se gane, uno debe sentir pasión por lo que hace.

Mis padres decidieron que tendría que estudiar en una de las mejores escuelas del Perú, por eso me matricularon para cursar la primaria y secundaria en el Colegio del Sagrado Corazón Sophianum, una institución de religiosas que tenía más de cien años formando estudiantes dentro de los valores cristianos. Pero para mí estos no fueron años fáciles. Siempre sentí que no encajaba y que no tenía cosas en común con las otras niñas, quienes se empeñaban en resaltar las diferencias que tenía con ellas. No dejaban de verme como la compañera flaca, güera y rara. Mi personalidad retraída tampoco me ayudaba a socializar con ellas.

De niña me era imposible entender cómo toda la atención y amor que me daban mis abuelos no podía extenderse al colegio, y que de igual forma mis compañeras me hicieran sentir aceptada. En esa etapa de mi vida la relación con mi hermana Susana fue un soporte fundamental. Era mi amiga, mi compañera y mi cómplice en las travesuras. Rápidamente me di cuenta de que mi personalidad y carácter eran opuestos a lo dulce y dócil que podía ser Susana.

Como su hermana mayor, Susana veía en mí a ese modelo a quien seguir y en quien creer. Muchas veces mi inocencia e imprudencia hicieron que pusiera a Susana en situaciones de riesgo a la hora de jugar. Recuerdo en especial una ocasión, cuando ella tenía 5 y yo 6 años, y le aseguré que podía volar si se lo proponía. Irresponsablemente, la azucé para que subiera a lo alto de un ropero y se aventara. «Vas ver que podrás volar. ¡Aviéntate!». Ni tarda ni perezosa lo hizo, subió hasta lo alto del mueble y se lanzó. Se partió el mentón y mi madre enfureció tanto que me puso tremenda tunda y castigo.

A pesar de todo, la nobleza y lealtad de Susana hacia mí no tuvieron mella. Seguimos siendo hermanas del alma, siempre unidas. Incluso hasta hoy, a pesar de las diferencias que hemos tenido a lo largo de los años.

Siempre demostré ser una niña inteligente, con un IQ de 155, como lo mostraron las pruebas que me hicieron después de que se dieron cuenta que era totalmente diferente a las demás niñas. Recuerdo, hasta el día de hoy, a unos hombres vestidos de negro con barbas que me hacían llenar pruebas, ver dibujos (tendría yo unos siete años) y en el fondo yo me reía de ellos. Tenía graves problemas de conducta; continuamente mi madre tenía que recibir las quejas de las religiosas y luego me reprendía, y se desesperaba por no poder controlarme.

Y es que muy pronto me di cuenta de que cuando hacía travesuras en la escuela o en la casa, por un momento conseguía dirigir las miradas hacia mí. En el colegio, incluso las niñas reían con mis ocurrencias y eso me hacía sentir parte de ellas. Entonces pude crearme una personalidad que me permitiera sobrevivir en aquel ambiente hostil. Así nació la Laura simpática, irreverente, loca, atrevida. Esa Laura loca me divertía a mí y a todos los que me rodeaban. Era una niña, y más tarde una adolescente, a la que le era fácil conseguir que la incluyeran en un juego o entablar una charla entre amigas.

Fue ese personaje ficticio el que me permitió sobrellevar mis años de educación básica y darle a mi vida social «la normalidad» de la que había carecido desde que mi Tata tuvo que dejarme pisar el suelo, abandonar la seguridad del mundo que él había creado para mí, y permitir que diera mis primeros pasos para relacionarme con la realidad.

Cuando estaba en casa y con los míos, esa Laura loca no hacía acto de presencia. Los domingos había comidas familiares en casa a las que venían mis abuelos para convivir con mis padres y hermanos. Era notorio en esas reuniones que mi abuelo tenía especial predilección por mí, minimizaba siempre mis imprudencias y combatía cada regaño de mi madre con mimos.

Sin duda mi Tata tenía un amor ciego por mí y por mi hermana Susana, de otra forma ni yo puedo justificar locuras como esa ocasión en la que, junto con Susana y cinco amigas, nos fuimos en mi lancha Riva, en la playa de Ancon, para atacar el yate en el que estaba el presidente del Perú, Juan Velasco Alvarado, en señal de protesta porque era un presidente de facto que destruyó el Perú. Fue un verdadero escándalo que enfermó a mi madre de los nervios. La prensa limeña habló de mi por vez primera, para reportar lo sucedido y mi familia avergonzada tuvo que pedir disculpas e insistir en que fue una travesura de adolescentes para aminorar las consecuencias que un incidente de esa naturaleza debía traer consigo; por ejemplo, el que pudiera ir a la cárcel.

Mi mamá parecía no poderlo evitar: siempre hizo marcadas diferencias entre sus hijos varones y sus hijas. Por eso, la relación con ella siempre fue muy agresiva, y lo fue por parte de ambas. Es una de esas cosas que se te quedan en la memoria y te marcan para toda la vida, además, no me cabe duda de que eso afectó severamente mi autoestima.

Sin duda no fui la clase de hija de la que mi madre se habría sentido orgullosa en todos los aspectos, y por esa razón, ella se comportaba así conmigo. En el fondo, lo que hacía que chocáramos era lo mucho que nos parecíamos. Teníamos una personalidad casi idéntica. Vamos, ¡mi madre andaba en moto a los sesenta años y era corredora de autos! Pero además tenía otras excentricidades que marcaban una gran diferencia con las mujeres de su generación. Era una rebelde como yo. Me amó y siempre me respaldó, aunque yo sentía que nunca al nivel de lo que amó a mis hermanos por ser varones.

Hasta el día de hoy tengo una excelente relación con todos mis hermanos y una admiración especial por Luis, que heredó el talento de mi padre para la ingeniería y es un orgullo para toda la familia. Ha hecho su vida en España y construye en el mundo entero. Paloma, su esposa, es como una hermana para mí. Con Miguel y Juan, mis compañeros de travesuras, me une ahora una relación como de madre sustituta. Al morir nuestra madre asumí ese papel con mis hermanos. Me preocupo por ellos y saben que siempre podrán contar conmigo, porque para mí, la familia es lo más importante.

A la hora de elegir carrera no hubo dudas en mí, desde pequeña quise estudiar abogacía. Siempre tuve ejemplos cercanos de gente que por no tener acceso a una buena defensa había sido víctima del sistema. Conocía de cerca, por las empleadas del servicio doméstico, historias de abusos cometidos por parte de sus parejas. Fue con ellas que por primera vez escuché hablar de violencia. Unos días llegaban golpeadas, otros quejándose de los malos tratos de sus esposos. Y también tenía la otra cara de la moneda: mi madre. Una mujer de hogar, pero con un carácter firme que siempre se imponía a su esposo, a tal punto que lo obligó a que su constructora estuviera en la entrada de la casa. Esos dos escenarios del papel de la mujer me hicieron querer ayudar, por medio de las leyes, a quienes el carácter no les daba para reclamar sus derechos.

Ingresé a la Universidad Femenina del Sagrado Corazón porque a mi mamá le hacía ilusión que estudiara ahí, ya que era una extensión del colegio en el que ella había estado y le unía una amistad con los decanos y la rectora de la universidad.

En esa institución cursé los dos años de estudios generales preuniversitarios que se estudian en Perú antes de ingresar a la licenciatura. Todavía era una mujer de difícil carácter y me costaba ser disciplinada, por lo que los problemas en la escuela no se hacían esperar. Al tratarse de una institución religiosa, el tema de la obediencia era un factor importante para garantizar la permanencia.

Recuerdo que en esa época me cuestionaba mucho más todo lo que mi familia daba por sentado. Los valores y las creencias con las que crecí me generaban más dudas que certezas, y no me contenía para expresar mis desacuerdos en la clase de Teología. Por otro lado, el tema de la indisciplina se había vuelto ya un sello característico de mi personalidad y mis loqueras iban en aumento. Recuerdo que en una clase de Historia del Perú que impartía Francisco Belaúnde Terry, hermano del presidente de ese entonces en mi país, nos tocaba hacer un examen sobre los virreyes y decidí liberar al grupo provocando un pequeño incendio porque sabía del temor del profesor al fuego.

Aquella mañana vertí gasolina en un bote de basura que estaba cerca del escritorio del profesor Belaúnde, y todos salimos corriendo del aula. Se armó un tremendo alboroto en la universidad. Por supuesto, fui señalada inmediatamente como la responsable y mandaron llamar a mis padres.

Mi madre dijo que sería la última que me soportaría y me sacó de la escuela. Como castigo, me inscribió a una escuela pública. Así fue como llegué a la Facultad de Derecho de la Universidad Nacional Federico Villareal. En el fondo yo estaba feliz; siempre había estudiado en escuelas privadas y no lo había pasado bien. Tenía la ilusión de que al estar en una escuela pública, con gente de otras clases sociales, podría encajar con ellos. Todos los días tenía que ir en metro y de todos modos me destacaba de entre los demás pasajeros. Era alta, muy esbelta, con el cabello un poco más oscuro del rubio que todos me conocen ahora y mi ropa de marca; así que las miradas de asombro se seguían posando en mí.

Y es que así era yo. Desde pequeña, mi Tata, me llevaba a las tiendas de los grandes diseñadores para comprarme ropa, bolsas, zapatos… ¡lo que yo quisiera! Estas marcas no son lujos para mí, ya que son la ropa y los artículos con los que siempre me vistieron y que construyeron mi personalidad. Por eso ahora me parece ridículo que quienes me critican piensen que la forma en la que me visto es una limitante para ayudar a la gente que lo necesita.

Llegar a la vida real que suponía la educación pública no fue un cuento de hadas como yo había pensado. Las diferencias de clase se notaban abismalmente: en el transporte me molestaban y mis compañeros me veían como la niña rica a la que no podían tomar en serio. Pero poco a poco me hice respetar, al tiempo que conectaba con la gente porque sus cuestionamientos y preocupaciones también eran los míos.

Rápidamente me hice de un grupo de amigos con los que establecíamos debates y asambleas estudiantiles para discutir temas de política y educación. Yo destacaba porque lideraba las mesas. Era una época de descontento estudiantil y celebrábamos marchas de protesta donde yo siempre iba al frente y aunque me gané el corazón de mis compañeros, entre los profesores y las autoridades de la universidad era vista como una amenaza por mi rebeldía.

Con el cambio de escuela, no solo yo conocí a otra clase de gente, también mi familia lo hizo. Empecé a llevar a casa a mis nuevos compañeros y mi madre no dejaba de sorprenderse porque era un tipo de gente con el que nunca me había relacionado: de una condición social baja, con rasgos indígenas y potencialmente reaccionarios por las causas que persegían. Pero fue ahí, con ellos, donde murió la Laura que actuaba con irresponsabilidad y que quería llamar la atención haciendo travesuras y nació la mujer que hasta el día de hoy soy: rebelde, luchadora, guerrera, defensora de los que menos tienen y la voz de los que no tienen voz.

Mis padres definitivamente no estaban de acuerdo con el activismo que en esos años era parte de mi vida; la situación en el Perú en 1972 no era la óptima como para ser identificada como líder estudiantil; era peligroso ser señalada de esa manera, así que, siguiendo los consejos de mi Tata, me enviaron a estudiar a la Universidad Central de Venezuela en Caracas, donde un primo de mi madre era catedrático.

Esa sería la primera vez que estaría lejos de mi familia. Mi madre no estaba muy conforme con ello, dados mis antecedentes de comportamiento, por eso buscó quién se encargara de estar al pendiente de mí. Cuando me inscribí en la Central, buscó que Egilda Crespo, una política importante de aquel país, y su familia, me recibieran y cuidaran de mí.

Para 1974 mi llegada a Caracas marca uno de los pasajes de formación académica y de vida personal más hermosos de toda mi existencia. Si bien mi educación como abogada se la debo a la Universidad de Villeral, la madurez de los conocimientos y mi transformación como doctora en Ciencias Políticas se la debo a lo que viví en Caracas, donde estudié con rigor y mucha disciplina porque ese era el nivel de exigencia con el que se trataba a los alumnos. Teníamos que leer dos libros a la semana, preparar ensayos y lecturas para todas las materias, hacíamos mucho análisis y el nivel de preparación de los catedráticos no podía sino inspirar a los alumnos para ser mejores.

El chantaje

Tenía solo algunas semanas de estar viviendo el encierro cuando recibí la visita del periodista Beto Ortiz, uno de los más reconocidos en Perú, que además decía tener la solución a mi problema. La propuesta llegó a mí de la siguiente forma: de Alejandro Toledo a Baruch Ichver, dueño de Frecuencia de Latina en ese entonces, y de él a Beto Ortiz.

Accedí a grabar un video en mis términos para contar lo que había ocurrido realmente. Aquel día estaban en mi cuarto, donde dormía sobre un colchón en el piso, Beto Ortiz, Cristian y el reportero que haría la entrevista.

Lo que pedía la gente de gobierno era «sencillo»: tenía que grabar un mensaje para el presidente Toledo diciendo que todo lo que se hizo con el caso de Zaraí era mentira, y que yo lo había dicho por presiones del fujimorismo; además, que Lucrecia Orozco, madre de Zaraí, había recibido dinero. Más adelante contaré a detalle cómo fue que esa historia llegó a mis manos y por qué decidí sacarla en televisión, por ahora basta con que quede claro que fue eso el motivo de mi arresto.

En ese video relataba todos los detalles: cómo llegó a mí el expediente, toda la investigación y cómo se preparó el programa. A pesar de que había decidido aceptar el chantaje, pensando en que mis hijas no la pasaran mal, a la hora de la grabación no pude hacerlo. No podía traicionar mis ideales y tampoco ir en contra de la verdad. Si tuviera que decir cuáles fueron los momentos más dolorosos de mi vida, éste fue sin duda uno de ellos.

Por un lado estaban mis hijas y mi vida entera; por el otro, faltar, mentir y caer en el chantaje. Como consecuencia de este episodio, comencé a experimentar ataques de pánico. Cuando terminé de grabar el video sabía lo que venía y entré en una crisis nerviosa muy fuerte, porque estaba sacrificando a mis hijas, el poder darles una vida normal. Pero haberlo hecho iba en contra de mi naturaleza.

Después de la postproducción, una vez terminado, Cristian acordó llevarlo a las instalaciones de Frecuencia Latina. Al revisar el video, se dieron cuenta de que era demasiado largo —duraba casi dos horas—, y entonces, el mismo Cristian lo editó y dejó fuera las cosas más importantes, aunque sabía que no era lo que les interesaba ver.

Una vez que llegó a la reunión con Baruch, se dio cuenta de que dentro de la sala se encontraba un enviado del entorno de Alejandro Toledo, nada más ni nada menos que el ministro de justicia Fernando Olivera.

Lo que a continuación relato es lo que, textualmente, Cristian me contó:

«[Olivera] se encontraba comiendo duraznos y no dejó de metérselos a la boca y escupir los huesos mientras miraba lo que habías grabado. Cuando finalizó me dijo que teníamos que llevarlo a Palacio pero yo le dije que no me iba a desprender de él y que prefería entregarlo yo mismo. Olivera ponía pretextos para que mejor se lo diera a él, y Baruch ofrecía alternativas para que yo lo llevara y entrara por la puerta del costado de Palacio para que no me fueran a reconocer. Y desafortunadamente, al final tuve que acceder a entregárselo.

Se retiró de la sala y me lo encontré minutos más tarde en el ascensor de Frecuencia Latina. Me quebré. Le pedí, llorando, que hiciera justicia contigo, pero él solo me contestó: «Eso ya no depende de nosotros [en realidad de Toledo] ella no hizo lo que tenía que hacer. Habla con ella para ver si quiere cambiar lo que dijo».

Esta fue la última carta que se jugó Alejandro Toledo. Semanas después reconoció a Zaraí sin hacerse la prueba de ADN. Nunca olvidaré cuando vi el mensaje en televisión y a Toledo decir que «había ganado una hija». En cadena nacional pronunció un mensaje cínico y repugnante. Pero ¿qué se podía esperar de un presidente que hizo de la mentira el centro de su vida? Fue la presión mediática que mi programa había desatado lo que le obligó a dar la cara, mas no un sincero reconocimiento de sus obligaciones. Un mensaje frío que era el augurio de lo que después ocurrió: nunca se generó una relación de padre e hija.

Semanas más tarde, Zaraí y su mamá vinieron a verme a mi «encierro» para darme las gracias. Zaraí, textualmente, me contó: «Toledo me dijo que me reconoció porque tocaron mi caso en tu programa y exigió que nunca más te volviera a ver». Por esa razón nunca antes hablé de su visita sino hasta ahora en este relato. Y lo hago porque el tiempo me ha dado la razón demostrando que Toledo y miembros de su gobierno hicieron uso de instituciones de Estado para enjuiciar a gente inocente y para cometer actos de corrupción

El encierro me obligó a volver sobre mis pasos para reencontrarme con las personas, las decisiones y las experiencias que me habían convertido en la que ahora era, en ese momento, enfrentando a la [in]justicia. Ver a Lucrecia y a Zaraí en medio de aquellos terribles momentos también me llenaba de fuerza porque esa jovencita que ahora se apellidaba Toledo me recordaba que era víctima de una canallada por la que debía dar batalla y salir triunfante.

Habían pasado meses desde que acudí por primera vez a los tribunales anticorrupción que el gobierno de Toledo había creado. Era un poder judicial paralelo, que había constituido bajo el pretexto de luchar contra la corrupción, pero la verdad es que su única intención era la de vengarse de todos aquellos que de una u otra forma estábamos relacionados con el expresidente Fujimori.

Para ello reclutó procuradores, fiscales y jueces que no actuaran con apego a la ley sino solo de acuerdo a las órdenes de Toledo y sus cómplices. Tan es así que se violó el principio más elemental en el derecho, que es la presunción de inocencia, algo que fue señalado en una resolución para justificar que no se me diera la libertad. Laura Bozzo es presuntamente culpable, decía.

Eso era completamente absurdo. Era como desconocer el marco legal y peor todavía porque ahora existía un poder judicial paralelo que ellos habían creado para sus propios fines. Pero debe quedar claro que no quiero decir que no existieran personas corruptas vinculadas al régimen de Fujimori, sino que se mezclaron casos de corrupción con perseguidos políticos, entre ellos yo.

Una vez que presentaron sus argumentos y que yo había escuchado sus acusaciones, estaba ansiosa porque empezara el proceso y pudiera defenderme para demostrar mi inocencia.

Cabe señalar que todos sus argumentos estaban basados en los dichos de Matilde Pinchi Pinchi, quien había sido testaferra (prestanombres, dicen acá en México) de Vladimiro Montesinos, jefe del Servicio de Inteligencia Nacional del Perú durante el gobierno de Alberto Fujimori, y algo así como una asistente para todos los fines en los que se requirieran sus servicios. Pinchi Pinchi se convirtió en una «colaboradora eficaz» para sentenciar a prisión a miembros del régimen fujimorista. En esta época se desató la peor persecución política en la historia de Perú.

Estaba segura de que no había pruebas que corroboraran los dichos de Matilde, así que yo era la primera en alentar que se llevara a cabo el juicio, aun sabiendo que me enfrentaría a jueces y tribunales manipulados por el poder. En esos momentos yo había perdido toda la fe y solo esperaba un milagro. Me preguntaba para qué tantos años de estudiar leyes si al final no servían para nada porque la justicia está totalmente manipulada por el poder en nuestros países.

Un caballero llamado Pedro

Si la época del arresto representa el periodo más oscuro y triste de mi vida; mis años de estudiante en Caracas fueron de los más felices y llenos de libertad. Me gustaba tanto la universidad y disfrutaba tanto de las clases que no me molestaba ni me significaba un esfuerzo considerable preparar tareas o exposiciones de clase.

Constitucionalistas, penalistas, civilistas… ¡yo tomaba clases con los mejores exponentes de las diferentes ramas del derecho! Todos eran mentes brillantes, que compartían generosamente su saber con los alumnos y yo me sentía privilegiada absorbiendo ese caudal de información. Pronto me convertí no solo en la mejor de mi clase sino en una de las alumnas más destacadas de toda la generación.

Al cabo de un tiempo dejé la casa de los Crespo y me fui a vivir a la Embajada del Perú, donde amigos de mi padre estaban a cargo. Entonces mi vida dio el mejor de todos los giros. Concentrada de tiempo completo en la universidad, con equilibrio y tranquilidad en mi vida personal, abrirle la puerta al corazón era lo único que me faltaba, y estaba a nada de encontrarme con ello.

Una noche asistí como invitada del embajador del Perú y su esposa a una fiesta. En la recepción había políticos, empresarios y gente de la sociedad de Caracas. Mi presencia llamaba la atención. Y esta vez la razón era que todos los invitados eran mucho mayores que yo, tal vez unos 20 o 30 años. Y en esa reunión se encontraba Pedro, un prominente empresario venezolano.

Pedro no era el hombre más guapo que yo hubiera conocido hasta entonces, pero tenía algo que me atrajo aún más desde el primer momento. Era un hombre con una personalidad arrolladora y una inteligencia desbordante. Debo decir que me impresionó, pero ahí paró el asunto. Esa noche nos presentaron y fue todo lo que pasó. Me fui de la fiesta pensando que no volveríamos a vernos porque, dada la diferencia de edades, su mundo y el mío estaban lejos de coincidir.

La vida en la embajada, con mis nuevos «tutores», traía consigo la posibilidad de una vida social muy activa. Además, ya que no tenía familia o amigos en la ciudad, se me alentaba a salir y conocer gente. Un día estaba de visita en el Caracas Country Club, un centro social en el que se daba cita gente muy importante de todos los ámbitos públicos y privados. Deportistas, empresarios, políticos, socialités, todo mundo estaba ahí. De pronto, mi vista se fijó en un extremo del salón: un grupo de asistentes se deleitaba con la charla de dos personas: un famoso torero de la época y Pedro.

Cuando me vio, detuvo la charla para decir, dirigiéndose a mí: «¡Ya llegó la nena peruana!». Me dio gusto saber que me recordaba. Estuvimos charlando largo rato y no miento si digo que el tiempo se detuvo. Fuimos de un tema a otro y no sé quiénes o qué pasó en el salón porque yo estaba encantada con el caballero que ahora me dedicaba su atención. En algún momento me pidió que le aceptara una invitación para salir a cenar y luego ir a una discoteca que estaba de moda en esa época. Claro que acepté encantada y quedamos para el día siguiente. Si el amor a primera vista existe, ese día hizo su aparición en mi vida.

Pedro me fascinaba. Era un hombre que tenía la vida resuelta, un tipo culto y viajado que podía compartir toda clase de anécdotas y que dominaba distintos temas de conversación. No habría problema para que mis tutores en la embajada me permitieran salir con él, excepto por el detalle de que era treinta y cinco años más grande que yo. No dormí esa noche pensando en si debía mentir o no para pedir permiso para salir con él.

A la mañana siguiente decidí que debía hablar con la verdad. Les informé que por la noche saldría con Pedro, que se trataba de un amigo, y sucedió lo que me imaginé: vinieron toda clase de peros. Sin embargo, cuando vieron que no me harían desistir, se resignaron y entonces solo me llenaron con recomendaciones e instrucciones de la hora de llegada.

Pedro pasó a buscarme puntual, lo cual me dio una magnífica impresión y así comenzó la velada. Encantada, hechizada, así estaba yo frente a él. Lo que más le admiraba era su madurez, su inteligencia y su cultura, que me deslumbraba. Esa fue la primera de muchas salidas y el inicio de una relación que me marcaría para siempre.

Días antes de las fiestas de San Pedro y San Pablo, mi madre me llamó para avisarme que mi Tata se encontraba grave, y que estaba internado en el hospital debido a un problema renal. De inmediato hice arreglos para volver a Lima, aunque él me advirtió que debía regresar para el día de su santo porque ofrecería una fiesta espectacular en la que quería que yo estuviera presente.

Dos preocupaciones me consumían entonces: la salud de mi abuelo y qué debía ponerme el día de la fiesta. Esto último lo resolví antes de marcharme. En mi cuenta de banco tenía el dinero para cubrir todos mis gastos del semestre o más, pero no lo pensé dos veces: lo tomé todo y me dirigí a una boutique Christian Dior donde compré un vestido negro, precioso y súper elegante.

Cuando llegué a Lima me di cuenta de que, por fortuna, la salud de mi Tata estaba ya en manos de los especialistas, quienes nos aseguraban que pronto mejoraría y que su condición no era tan grave como mi madre me la había pintado. Durante mi estancia en Lima, me quedé en casa de mis abuelos, y mi abuela, que me conocía a la perfección, no tardó en preguntarme la razón de esa felicidad que inundaba mi rostro.

Le conté todo sobre Pedro y se puso feliz porque me vio realmente enamorada. Me dijo que estaba como cuando me enamoré por primera vez. Cuando viajamos en familia a Europa, justo antes de que yo cumpliera 21, y conocí a un chico en Palma de Mallorca: Tomeo, mi primer amor, intenso, lleno de cartas... Tan inolvidable como solo pueden ser los primeros amores.

También le hablé de Pedro a mi Tata, cuando ya estaba mejor. Él también se sintió feliz por mí.

Todos los días que estuve en Lima, Pedro me llamó para saber de la salud de mi abuelo y, por supuesto, de mí. Me urgía regresar y tan pronto me engañaron con que mi abuelo estaba mejor, yo tomé un avión. Regresé a Caracas justo a tiempo para la fiesta. Y con mi vuelta parecía que también lo habían hecho los problemas que tanto me perseguían. Cuando bajé del avión estaban esperándome los tutores de la embajada y Pedro.

Su presencia solo podía significar una cosa: que mi madre se oponía tajantemente a mi relación y que quería tener más control sobre mi persona. Fue un movimiento infructuoso; literalmente la mandé a la *chingada* y me fui con Pedro. Mi madre lo único que consiguió fue que tomara la decisión de irme de la embajada para vivir en una pensión. Hablé con ella para enfrentarla y le dije que si las cosas se iban a poner así, lo mejor era cortar de tajo.

Finalmente llegó el día de San Pedro y San Pablo y con él, la fiesta de Pedro. Todo estaba maravillosamente dispuesto en el espectacular penthouse donde vivía. Las personas más importantes de Venezuela estaban ahí, y la Billo's Caracas Boys amenizaba con su música caraqueña, costeña colombiana y cubana. Había muchos invitados, todos tan o más elegantes que yo, y la mayoría de las mujeres tenían unos cuerpos espectaculares. Ahora sobresalía por dos cosas: una, seguía siendo la más joven en aquella fiesta (tenía apenas 23) y dos, mi extrema delgadez. No tenía curvas, ni tetas; nada.

Pedro estaba sumamente solicitado, todas querían felicitarlo y bailar con él. Claro, era el festejado, pero también un soltero codiciado. Entonces decidí que lo mejor era no competir con ellas y me fui a admirar la vista que aquel penthouse proveía de la ciudad. Pedro me alcanzó para brindar conmigo e invitarme a bailar cuando una mujer apareció para reclamar «territorio». Me insultó, se burló de mi apariencia y revivió en mí el lado agresivo y salvaje que hacía tiempo no afloraba. Sentí mucha rabia y entonces ocurrió que Pedro salió en mi defensa. Le dijo que me respetara porque yo era su invitada de honor y además le pidió que se retirara de su casa.

Que me diera mi lugar fue la primera gran prueba de amor en esta relación que a los ojos de mi madre y de otras personas no era bien vista. Semanas después, mi madre llegó a Caracas para conocerlo. Él la recibió con una fiesta en su honor y ella quedó encantada. A pesar de ser mayor, incluso que mi propio padre, tenía detalles y hacía cosas que convencieron a mi mamá de que se trataba de un buen hombre, y eso hizo que terminara aceptándolo.

Tiempo después me pidieron viajar a Lima. Yo ya intuía que mi abuelo había muerto. Lo había soñado, lo sentí. Pero nadie quería decirme nada. Llamé a la embajada y a todos lados pero nadie me decía nada. Al llegar a Lima me confirmaron la muerte de mi Tata. En mi familia pensaron que si me lo hubieran notificado cuando ocurrió yo podría haberme vuelto loca, por eso esperaron a tenerme de frente para darme la noticia. Por supuesto que la noticia me devastó.

Los meses transcurrieron sin mucha novedad, hasta que un día llegaron a Caracas mi madre, mi abuela y mi tío Roberto (hermano de mi mamá) para llevarme de regreso a Lima porque sentían que yo ya tenía problemas de depresión por la muerte de mi abuelo, y que mi relación con Pedro ya no estaba funcionando. Efectivamente, yo estaba viviendo una profunda depresión que me condujo a la anorexia. Había perdido de un tajo a los dos hombres que hasta ese momento habían sido los más importantes en mi vida.

Debo decir que desde que era niña tuve problemas con la comida. No me gustaba comer, escupía todo y mi mamá sufría muchísimo. Me contaban que tenían que hacer circo, maroma y teatro para que yo comiera. Creo que ahí se reflejaban los problemas que yo tenía con mi madre, porque con mis abuelos siempre comía muy bien. Más tarde, en mi adolescencia, me llamaban esquelética en la escuela, y otros me alentaban para que fuera modelo porque por el cuerpo daba la pinta; sin embargo, nunca me sentí bella, así que no escuchaba a quienes me lo proponían. En aquel entonces me obsesioné con la idea de la delgadez y usaba laxantes y no comía para evitar subir de peso.

El dolor por la pérdida de mi abuelo y de Pedro sanó con el paso del tiempo, pero el tema de la anorexia me acompañó muchos años más, y se convirtió en un mal que por momentos sentí imposible de apartar. El tiempo que estuve junto a Pedro llegué a aumentar 6 kilos de mi peso habitual, pero cuando terminamos la relación los perdí junto con 10 más. La adicción a los dulces, que siempre he tenido, se agudizó en esa época de depresión, así que me hartaba de ellos y de pasteles y luego, sin más, dejaba de comer por prolongados lapsos de tiempo. Fue una época de mucho descontrol porque me atascaba de dulces, luego no comía y además tomaba pastillas que aceleraban el metabolismo.

Dicen que cuando la gente tiene problemas le sale todo lo malo y a mí sí me pasó: empecé a experimentar una aguda anorexia, decía mentiras, me convertí en una persona rara, no salía y me quería morir. Yo no era así, pero con la muerte de mi abuelo y la ruptura con Pedro me transformé. Creo que la anorexia no me controlaba, sino que era yo la que la utilizaba para encontrarme a través de la enfermedad. Siempre conocí mis límites y me llevaba hasta el borde en momentos de depresión.

Mi abuela y mis padres, preocupados por mi estado, me llevaron a sesiones de psicoanálisis y terapias de grupo que me ayudaron mucho a salir del bache en el que estaba, y que se extendieron hasta seis o siete años más para ayudarme con otros problemas que venía cargando desde la infancia.

Con los años, y a fuerza de ver que las cosas pudieron haber sido diferentes, he aprendido a ser menos radical y a entender los errores de los demás. Dediqué mi tiempo a la terapia para librarme de la anorexia, a terminar de estudiar y descubrí una forma de calmar mis dolores: el ejercicio. Andaba en bicicleta durante horas y también hacía sky acuático. Esto me ayudaba a no pensar y a no sentir, y canalizaba toda mi obsesión a algo que resultó igual de doloroso con el tiempo: el temor a engordar.

Mario, el padre de mis dos grandes amores

Los años siguientes me dediqué de lleno a mi carrera. Me gradué como abogada y más tarde cursé dos doctorados, uno en Derecho y el otro en Ciencia Política. Había empezado a impartir clases de diversas materias como Derecho Constitucional, Teoría del Estado, Derecho Penal y Evolución de las Ideas Políticas. Habían pasado varios años desde lo de Pedro y no había tenido ninguna relación digna de mencionarse. Como dije, mi vida se había centrado en el aspecto profesional y en tratar de controlar mis propios demonios. Recuerdo que por aquella época estaba obsesionada con que el tiempo pasaba y yo estaba muy lejos de mi sueño de formar una familia.

Cierto día estaba en la casa de mi amiga Matilde Velarde, que había acordado una salida con amigos. Antes de que llegaran, me dijo: «¿Sabes, Laura?, uno de los chicos que viene me parece buen tipo; me gustó para ti. Se llama Mario y también es abogado. Me parece que podrían llevarse bien».

Pronto empecé a salir con él y conocí a su familia. Era gente muy buena y cálida que me acogió bien. De inmediato me di cuenta de que había una buena química con sus papás y sus hermanos, y siempre tuvimos una excelente relación. Las reuniones con ellos se convertían siempre en fiestas, porque son diez hermanos. La familia de Mario es gente muy religiosa y yo tenía una relación especial con su papá porque era encantador, simpático y muy culto.

Con su mamá las cosas no eran tan sencillas. Estaba enferma de celos y no se le separaba un instante al marido. Incluso iba a trabajar con él solo para controlarlo. Aunque complicada en su forma de ser, nos llevábamos, y aún en la actualidad, nos llevamos espectacularmente bien.

Con Mario volví a sentirme en una zona estable. Tenía un carácter dócil, era un hombre ecuánime y la sensatez siempre imperaba en él. Nuestro noviazgo transcurría sin mayores sobresaltos, yo diría que en ocasiones parecía rutinario. Mi familia estaba encantada con Mario, sobre todo mi mamá.

Entonces fue cuando me di cuenta de que era él la persona que yo necesitaba para encontrar el equilibrio con mi carácter y mi necedad de buscarme problemas. Estaba segura de que era él la única persona que podía soportarme. Así que al cabo de cuatro años de noviazgo, fui yo quien le propuso que nos casáramos y él accedió como a quien le proponen el buen plan para pasar el día.

Durante la ceremonia civil, justo cuando el juez nos preguntaba sí lo aceptaba como esposo me dio un repentino y escandaloso ataque de risa. Simplemente no podía parar de reír, y tampoco me explicaba de dónde venía esta locura. Jamás los nervios se me habían materializado de esa forma y yo respiraba profundamente, tratando de parar. Pero mucho me ayudó ver a mi madre que me lanzaba senda mirada, como queriéndome asesinar. Finalmente me calmé y pudieron pronunciarnos como marido y mujer.

El día de la boda supongo que mi papá no me notaba lo suficientemente feliz porque cuando iba a entrar a la iglesia me dijo:

«Laura, si te arrepientes, ¡vámonos!». Por supuesto que estaba enamorada, pero también debo decir que estaba cómoda en esa relación.

Mi madre echó la casa por la ventana en la recepción. Se esmeró muchísimo y convirtió aquello en un evento excepcional. Mario y yo nos fuimos a Miami de luna de miel y meses más tarde quedé embarazada de mi primera hija, a la que llamaríamos Victoria, como mi madre. Cuando me enteré de mi embarazo me puse feliz porque siempre había soñado con convertirme en madre. Me hacía mucha ilusión el momento en el que naciera mi bebé y yo pudiera comenzar a criarla. Anhelaba que mi hija y yo tuviéramos una relación diferente de la que yo tuve con mi madre. Quería ser cariñosa y cercana. Estaba decidida a formarla como una niña independiente, con ganas de comerse al mundo.

El nacimiento de mi hija no fue sencillo. Durante la cesárea me cortaron el intestino y por primera vez tuve septicemia. Estuve en coma y llena de tubos, y los médicos tuvieron que operarme nuevamente. En un momento llegaron a decir que ya no había nada que hacer por mí, y no puedo borrar de la memoria cuando, en un instante, me desprendí de mi cuerpo; mi alma estaba en el techo y desde ahí podía ver mi cuerpo tendido en la cama. En verdad sentí que me estaba muriendo. Pero dentro de mí una voz hablaba, y yo le escuchaba decir: «No te vas a morir; tienes una misión que cumplir en la vida».

No tengo claro cuánto tiempo pasó entre esto y el instante en que abrí los ojos. Había salido del coma y al momento empecé a mejorar. Lo malo es que no pude conocer a Victoria sino hasta un mes después, tiempo en que la bebé estuvo en los cuneros porque no podían acercármela, ya que todo mi cuerpo estaba infectado.

Cuando nació Victoria me obsesioné de inmediato con ella; la llevaba conmigo a todos lados. La pequeña tenía un ángel que encantaba a todos; por ello no fue raro que incluso con mi madre lograra muy rápido una conexión muy especial. Y yo me sorprendí al convertirme en una madre muy dedicada. Éramos una familia tradicional y común. Los dos trabajábamos para cubrir los gastos de la casa y ambos compartíamos la responsabilidad de criar a Victoria. Mario siempre fue dedicado y cariñoso con ella.

En mis sueños siempre me vi como madre de una sola niña, por eso me tomó por sorpresa cuando me enteré que nuevamente estaba embarazada, y cuando supe que iba a tener otra niña no pude sino explotar de felicidad. Es cierto que no teníamos planeado concebir a Alejandra, pero enterarnos de su llegada nos dio a Mario y a mí la fuerza que necesitábamos para seguir dando lo mejor para nuestra familia.

Si con Victoria fue difícil, por el contrario, el embarazo y el parto de Ale fueron muy buenos. No tuve molestias de ninguna forma, y la niña llegó sin complicaciones. Mi hermosa bebé nació pesando cinco kilos y midiendo cincuenta y siete centímetros.

Cuando llegó Ale, mi vida dio un cambio radical. Tenerlas a ella y a Victoria me llenaba de fuerzas y de ganas de darles solo lo mejor, una infancia y una vida tan llena de comodidades como la que yo había tenido. Pero ese estilo de vida no era el mismo junto a Mario, y por supuesto yo tenía que ingeniármelas con lo que ganábamos para darles a mis hijas un buen nivel de vida.

La tranquilidad que veía en Mario cuando recién nos conocimos, después de años de matrimonio se convirtió en un territorio áspero, con diferencias abismales que se notaban más en nuestro carácter, y que hacían más difícil el entendimiento como pareja. A Mario se le habían extinguido las ambiciones y los anhelos. Mientras más aspiraciones me despertaban mis hijas, a él parecía que la vida ya le había dado todo y no le hacía falta más.

Yo impartía clases, tenía una consultoría privada y además daba asesoría gratuita a mujeres maltratadas porque sentía el deseo y la necesidad de ayudar, de dejar una huella a mi paso. Yo quería trascender. Cada día me convencía más de que había nacido para hacer algo que marcara una nueva ruta, y en esas circuntancias, estar junto a un hombre que no tenía el mismo impulso por vivir, comenzaba a sentirse como un freno.

Su actitud conformista se tradujo en problemas de pareja, y por supuesto, en dificultades económicas. Recuerdo que empecé a vender mis joyas para hacerle frente a la totalidad de los gastos de la casa. Particularmente, no puedo olvidar el día que tuve que vender una sortija que me había regalado mi abuela Laura, para poder comprar los regalos de Navidad de mis hijas.

Rematar joyas se convirtió en una constante para poder sobrevivir, por esa razón decidí tomar el trabajo que me ofrecieron en el Instituto Nacional de Cultura, con un puesto que sonaba más rimbombante que el sueldo que pagaba. Pasaba mis días en el instituto, trabajando en temas vinculados a la promoción y preservación de la cultura del Perú. Realicé seminarios para la protección del patrimonio cultural y organicé un concierto por la paz en Machu Pichu cuando Perú vivía una fuerte crisis de inestabilidad por el terrorismo.

Fue una etapa en la que muchas cosas, no solo en lo profesional sino en lo personal, comenzaron a tomar su justa dimensión. En casa, se había vuelto evidente que Mario ya no tenía el mismo lugar. La admiración se esfumaba, el alejamiento se instalaba entre los dos y como consecuencia inevitable, el amor empezó a desaparecer y la relación se colocó en un punto de caída libre.

Al principio del matrimonio dejé de trabajar para dedicarme por completo a mi hija Victoria, pero como ya dije, al paso de los años lo tuve que retomar por necesidad. Ganaba poco y me ocupaba en jornadas completas para ganar un sueldo que no resolvía del todo mis compromisos familiares. Y continuamente me desesperaba porque con la actitud de Mario ante la vida, tampoco veía posible que, por sí solo, nos llevara a tener un nivel de comodidades cercano a lo que yo había planeado para mis hijas.

Entonces llegó una nueva oportunidad: me dieron un puesto en la Municipalidad al que me había postulado porque vi en la política un camino práctico para ayudar más a la gente con la que ya había tenido contacto. De este modo podía estructurar canales de ayuda que llegaran de manera directa a quienes más la necesitaban.

Quedé electa como regidora de la Municipalidad de Lima y entonces le di estructura, le invertí mucho tiempo y trabajo a los comedores populares. Se trataba de un proyecto benéfico que aseguraba una buena alimentación a las personas más desprotegidas de la población peruana.

Era un trabajo noble, una labor que me acercaba a las personas, principalmente a aquellas que tenían menos recursos económicos y muchos problemas sociales y familiares. Sin tener claro cómo, estar cerca de aquella gente me demandaba la urgencia de ayudarlos. Por lo pronto, en mi mente ya se había trazado un mapa claro de muchas necesidades ante las cuales no podría permanecer indolente.

Como presidenta de la oficina de asesoría jurídica de la Municipalidad, también encabezaba el proyecto «Vaso de Leche», cuyo objetivo era que los niños de familias de escasos recursos tuvieran acceso a este alimento para apoyar su crecimiento. Inmediatamente que me vinculé al proyecto me di cuenta que muchos de los recursos que se le destinaban habían sido desviados, por lo que ordené que se hiciera una investigación para encontrar a los responsables y transparentar el dinero. Solo entonces el programa mostró sus verdaderos alcances, ya que durante mi gestión duplicamos la ayuda que se daba en años anteriores.

Los resultados positivos de aquellos programas en los que mi equipo y yo nos involucrábamos, hicieron que más organizaciones se acercaran a mí y juntos pudiéramos hacer que más personas tuvieran por fin la ayuda que tanto necesitaban.

Pero aún estaba por venir el gran cambio de toda mi vida. Y como todo lo que me ocurre, no podría presentarse sin ser, al mismo tiempo, una gran paradoja: el ocaso de mi matrimonio ocurrió al mismo tiempo que mi ingreso a la televisión.

El alcalde de Lima, Ricardo Belmont Cassinelli, era también dueño de Canal 11, una estación muy pequeña con una influencia muy limitada, sobre todo si se le comparaba a la de las grandes televisoras. Un día, Belmont me invitó para hacerme una entrevista sobre temas políticos, en especial la denuncia de Susana Higuchi, exprimera dama de Perú, que acusaba al expresidente (y su exmarido) Alberto Fujimori de maltrato; en ese entonces yo tenía muchos cuestionamientos y diferencias también con respecto al gobierno de Fujimori y en contra de Vladimiro Montesinos. Me consideraba opositora al régimen.

Hay dos cosas que me caracterizan en la vida: la primera es que digo las cosas como son. No tengo filtros; mi boca habla más rápido que el tiempo que tardan mis ideas en organizarse en mi cabeza. Y la segunda es que nací rebelde y me voy a morir rebelde. Siempre he estado segura de una cosa: defender lo que pienso no tiene precio, por eso yo no me vendo. Si me vendiera sería una multimillonaria viviendo en Europa, y las consecuencias del arresto que enfrenté años más tarde son la prueba de que soy una mujer que no tiene precio.

Ricardo vio esas dos cualidades de mi personalidad cuando me invitó a la televisión. Y debo decir que fueron las mismas que hicieron click con la gente que veía Canal 11. El programa en el que participé tuvo numerosos comentarios positivos y un rating impresionante para los estándares que manejaba el canal. Al día siguiente Belmont me llamó para informarme los buenos resultados y me dijo dos palabras que escuché por primera vez en relación con mi persona: gran comunicadora.

En ese momento me lo tomé a broma. ¡Cuál gran comunicadora! Era la primera vez que estaba frente a una cámara. Pero en honor a la verdad debo decir que me sentí cómoda, como si ya perteneciera a ese ambiente. Como si mi alma perteneciera ahí y se sintiera como en casa al reencontrarse con su lugar natural.

Así fue como nació la propuesta de tener un programa, junto a dos conductoras más, que se llamó *Las mujeres tienen la palabra*. Sí, en un principio me pareció descabellada la idea. Yo rondaba los cuarenta años, en mi familia nadie tenía que ver con los medios de comunicación y bueno, a eso le sumaba que tampoco tenía la típica pinta de las mujeres que salen a cuadro. Pero en cambio tenía cualidades que podían contribuir a cumplir mi deseo de hacer más por la gente que menos tenía: voluntad de cambio, una mente crítica y mucha inteligencia para cuestionar.

Jamás me he arrepentido de haber dicho que sí y el resultado era muy alentador para mi apenas novel carrera. La gente se identificó conmigo y, a menos de dos meses de transmisión, ya era solo yo quien llevaba las riendas del programa. Se trataba de una emisión de entrevistas a los políticos de la región y a periodistas. Era un programa que tenía puntos de vista contrarios a los del régimen y críticas contundentes a la gestión de Fujimori, quien se había reelegido presidente.

Entonces mi participación en televisión ya gozaba de gran aceptación y popularidad. Lo que mi programa mostraba, estaba segura, no era del agrado del presidente ni de su asesor principal, Vladimiro Montesinos.

Lo anterior no tardé mucho en comprobarlo, ya que cuando Fujimori se reeligió quitaron varios programas en el canal, incluido el mío. En ese momento no sabía qué hacer.

Señorita Laura

En aquella época, no pasaba un día sin que la prensa escrita y la televisión dieran detalles de mi caso. Algunos solo para insistir en los delitos que se me habían inventado a través de Matilde Pinchi Pinchi, difamar mi nombre y mi vida personal, mientras que otros para hacerme llegar amenazas; por ejemplo, que la cárcel de Santa Mónica ya se encontraba lista para recibirme y que ahí las presas me violarían.

Sentía asco por quienes, aun habiéndose presentado como periodistas y directivos de medios de comunicación que habían sido comprados por Fujimori, ahora estaban al servicio del nuevo comprador, Alejandro Toledo y solo se limitaban a reproducir el guion para el cual les habían pagado.

Desde mi encierro podía ver claramente cómo cambiaban de camiseta y la volvían a cambiar, según su conveniencia. Solo los verdaderamente fieles a sus principios eran silenciados y apartados de sus puestos de trabajo. Como el caso de César Hildebrant, un periodista al que no le caigo bien y tuvo siempre cuestionamientos hacía el trabajo que yo realizaba, pero se atrevió a denunciar en televisión, con las siguientes palabras:

«A Laura Bozzo, que no me simpatiza, le han mandado una resolución absolutamente intolerable desde el punto de vista del derecho. Y no me gusta defender a Laura Bozzo, pero tiene que ver esto:

[La cámara hace una toma cerrada de una parte del texto entre un fajo de documentos]

«...la Sala considera que la presunción de culpabilidad no solamente es un elemento importante sino una condición *sine qua non* para mantener la medida restrictiva de la libertad, como la impuesta a la recurrente.

[La cámara regresa a un close up del conductor]

¡La presunción de culpabilidad hace que yo te siga mandando presa! ¡PRESUNCIÓN DE CULPABILIDAD! ¡¿Qué eres una bestia?! ¡¿O eres un corrupto?!»

Sé que no todos están familiarizados con la terminología del Derecho pero uno de sus principios básicos es la presunción de inocencia donde toda persona acusada debe ser considerada inocente hasta que no se le demuestre culpabilidad. Es siempre la parte acusatoria, durante un juicio, la que debe probar que el sujeto en proceso ha cometido un delito y solo entonces se le puede atribuir culpabilidad. A mí me detuvieron indicando presunción de culpabilidad; es decir, la parte acusadora determinó que la pura suposición de que yo era culpable les bastaba no solo para detenerme, sino para arrestarme por todo el tiempo que durara mi proceso. Eso es una violación de los derechos fundamentales de la persona.

Bien, volviendo a César Hildebrandt, cuando él habló en televisión de la injusticia que se cometía conmigo lo sacaron de los medios, como lo hicieron con todos aquellos que pudieron dar una opinión a mi favor o contraria a lo que el gobierno de Toledo dictaba.

Esta etapa me trajo numerosas decepciones, ya que me di cuenta de que había gente que hablaba de mí y me juzgaba, cuando les constaba que yo era inocente y que más bien ellos eran los que habían recibido línea, dinero o favores, y ahora estaban al servicio del gobierno.

El éxito y la influencia que tenía en un amplio sector de la población, en el momento más alto de mi carrera, me convirtió en el canal idóneo para denunciar injusticias y luchar por las buenas causas. Por ello, no fue coincidencia que llegara a mis manos el caso de Zaraí, la hija no recogida del entonces candidato a la presidencia del Perú, Alejandro Toledo. La búsqueda de justicia para obtener el reconocimiento legítimo del padre, hizo que la madre de Zaraí recurriera a mí luego de años de ser silenciada por las influencias políticas de quien en ese momento deseaba convertirse en el máximo funcionario de la nación peruana.

Yo no podía quedarme de brazos cruzados. Darle la espalda al tema habría sido actuar de una forma en la que nunca lo hice frente a ningún otro caso. Ignorar la petición de la madre de Zaraí habría sido convertirme en cómplice de una injusticia y habría supuesto que por fin el poder político me había comprado.

Nunca me compraron, jamás me dijeron qué decir y por eso ahora enfrentaba un juicio que se había empezado a tramar con sed de venganza años antes, y cuya justificación pública apuntaba a peculado y a nexos con funcionarios corruptos ligados a la administración del expresidente Alberto Fujimori y del director del Servicio de Inteligencia Nacional del Perú, Vladimiro Montesinos.

Presentar la historia de Zaraí en pantalla cambió el curso de los acontecimientos en el Perú. Cuando terminé el programa sabía que pronto habría consecuencias, pero en mi caso tardaron en aparecer porque dependían del resultado de las elecciones. Alejandro Toledo, líder de la oposición al régimen fujimorista, perdió la segunda vuelta de las elecciones en el 2000 y Alberto

Fujimori se convirtió nuevamente en presidente. Era una época de mucha convulsión política. Un año más tarde, con la aparición de los «vladivideos» (de los que más adelante les contaré a detalle), Fujimori se ve obligado a irse a Japón y renuncia a la presidencia por fax. Entonces, Montesinos escapa del país, y se convoca más adelante a nuevas elecciones, a las que Toledo se presenta y gana.

Los años pasaban, y aunque me negaba a perder las esperanzas de salir libre, eran más los días en los que me ganaban la depresión y el pesimismo. No podía evitarlo. Soy una mujer fuerte, pero a veces sentía que las circunstancias ya me habían rebasado: era inocente, y sin embargo tenía que vivir esa pesadilla como si no lo fuera.

Las instalaciones de Monitor se encontraban en una casa acondicionada para servir como estudio de televisión y de postproducción. Con el paso de los meses el área de camerinos se convirtió en mi pequeño hogar. En esa habitación había una pequeña sala y la zona de maquillaje y en un pequeño cuarto contiguo había un baño y mi guardarropa, con toda la ropa que Telemundo me mandaba para la realización de los programas que se seguían grabando y transmitiendo, aún durante mi arresto. Era en ese pequeño cuarto de menos de tres metros cuadrados en donde yo dormía, y ahí, en una pared, llevaba la cuenta de los días.

Habían pasado dos años, y Ximena Cantúarias, en su puesto de gerente del canal y como responsable de que yo cumpliera con mi arresto domiciliario, ya había hecho arreglos para que Monitor comprara la casa de junto y entonces pudieran acondicionarme un pequeño departamento en lo que antes era el área de oficinas. Ya había tomado como mía la oficina que fue de ella, y además del cuarto donde pasaba la mayor parte del tiempo, ya contaba con una sala de estar, comedor y un pequeño gimnasio. Cristian montó una pequeña piscina de hule en el patio, porque sabía que no había nada que yo amara más que el tumbarme al sol y ponerme negra. Más adelante me construyó una pequeña cancha de tenis. Fue muy bueno conmigo; siempre me estaba programando actividades nuevas para que no me deprimiera.

Agradecía en el alma que en esos momentos la televisora se empeñara en hacer mi estancia más cómoda. Entre muchas otras cosas, seguían mandándome el catálogo de Cavalli para que escogiera la ropa con la que grabaría los programas. Sin embargo, al final de todo, esa seguía siendo mi prisión y nada de lo que hicieran los demás lograba hacerme sentir mejor. En el pequeño cuarto donde estaba mi guardarropa, ahí dormía, me alistaba para trabajar y pasaba los días.

Durante el día los empleados del canal llegaban a trabajar, yo tenía una secretaria y había mucho movimiento. Todo el mundo venía a visitarme: artistas, gente famosa de otros ámbitos, políticos. ¡Todo aquel que quisiera ver a la «Diva Cautiva», como me llamaban, podía hacerlo sin restricción! El paso de tanta gente solo me hacía pensar en que todo esto no era más que un circo bien montado donde yo era la atracción principal y la gente se deleitaba viéndome transitar de la euforia al enojo, del enojo a la tristeza y de la tristeza a la depresión.

Mi papá venía todos los días a verme, y algunos miembros de mi familia y amigos lo hacían también con frecuencia. Pero no mi madre. Ella vino a verme solo una vez, porque no me perdonaba que hubiera puesto en riesgo a mi familia y a mis hijas por el tema Zaraí. Siempre se opuso a que diera opiniones políticas y me advirtió lo que me podría pasar. Cuando sus cuentas personales fueron motivo de investigación y el diario El Comercio publicó una foto suya en primera plana afirmando que el dinero de sus cuentas provenía de Montesinos, cayó en una profunda depresión. Más adelante se probó que ese dinero era producto de la herencia de mi abuelo, y que provenía de casi veinticinco años atrás. Pero mi mamá no volvió a salir a la calle y años después murió de depresión.

Por supuesto que no lo podía aceptar públicamente, pero era evidente que estaba volviéndome loca ahí adentro y comenzaba a hacer cosas tan absurdas y disparatadas como las que hacía cuando era adolescente. Cierto día, aprovechando que Ximena había volado a Miami para asistir a una junta con los directivos de Telemundo, convencí a un cirujano plástico de que viniera a Monitor a hacerme una cirugía que incluía la colocación de hilos rusos y bótox en el rostro.

Apenas supe que Ximena abordó el avión, llamé al médico para que enviara a su equipo de colaboradores a instalarlo todo. A una sala de panelistas, que normalmente suelen ser sitios nada higiénicos por la cantidad de gente que pasa por ella, llegaron los auxiliares a desinfectarla con equipo de luces ultravioleta y otros tratamientos asépticos. Cuando todo estuvo listo, el doctor me colocó hilos rusos para levantar las cejas y me inyectó bótox en frente y pómulos para devolverme una apariencia más joven y aminorar los estragos que me estaba causando el estrés del encierro y lo poco que dormía.

Mientras me recuperaba de la cirugía llegué a pensar en lo absurdo que resultaba todo aquello, pero ésa era mi vida, yo no tenía para cuándo salir y me parecía «normal» hacer cosas que haría estando en libertad. Era un león enjaulado que cada vez tenía menos paciencia, y al mismo tiempo, tenía demasiadas horas para pensar en lo injusto de mi proceso. Todo eso me estaba consumiendo y volviendo loca.

El problema de la anorexia volvió a hacerse presente durante los años del arresto. No comer o apenas hacerlo me provocó problemas dentales. Lo correcto habría sido pedir un permiso para que me dejaran ir al dentista a atenderme. Pero no, nunca pedí un permiso para salir. Me había prometido que solo cruzaría la puerta de Monitor cuando fuera libre y por eso prefería que vinieran a verme los doctores que fueran necesarios. Así fue como mi dentista vino, con todo y sillón, para atenderme.

Canal 11

Regresemos un poco en el tiempo y volvamos a la epoca en que estuve en Canal 11. Había concluido mi primer programa al aire pero no así mis deseos de seguir frente a las cámaras. Así que hice un proyecto con el cual podría volver a la televisión. Lo que conocía del Perú y lo que descubrí a mi paso por el Instituto Nacional de Cultura me hizo pensar que hacía falta un programa que mostrara las riquezas turísticas.

Presenté el proyecto a Canal 11. *Laura conociendo el Perú* fue un programa de transición que me mantuvo vigente en televisión durante un tiempo, hasta que dejaron de producirlo porque no había dinero. Entonces me fui a tocar puertas a otras televisoras para ver si estaban interesadas en transmitirlo.

En realidad nunca tuvimos presupuesto. Yo tenía que poner de mi sueldo para armar los viajes; nos trasladábamos en autobuses, en las condiciones más precarias. Mi hija Victoria me acompañaba en algunas ocasiones, y también padecía esos viajes austeros, como cuando fuimos a Cajamarca a grabar las zonas arqueológicas y de interés turístico.

Tengo grabado el momento en que se me canceló el programa. No podía parar de llorar cuando Belmont me dio la noticia. Estaba junto a Victoria y ella me consolaba diciéndome que no me preocupara, que todo se arreglaría y que yo debía continuar. Creo que en ese instante comprendí que pasara lo que pasara yo tenía que luchar para cumplir mi sueño.

Entonces recorrí todos los canales de televisión del Perú presentando proyectos; cuando no me recibían a la primera, me quedaba en las escaleras de la calle esperando a que me concedieran el acceso. Muchos se reían de mí, incluyendo algunos artistas, cuando me veían ahí sentada, como una mendiga que pedía limosna. Otros me decían que me olvidara de eso, que no tenía ni el cuerpo ni la cara para hacer televisión. Pero no me dejé vencer, yo seguía insistiendo.

El tiempo se encargó de arreglar una cita con Genaro Delgado Parker, dueño de Panamericana Televisión, una importante televisora. En la reunión que tuvimos me dijo que mi personalidad no era como para hacer el tipo de programas en los que me había visto. Él pensaba que yo tenía todas la cualidades y recursos para conducir un *talk show* como los que en ese momento conducía Cristina Saralegui en Miami, y que tanto éxito tenían en América Latina.

En ese momento dudé. La verdad es que no me veía haciendo algo así, pero la confianza que me había demostrado Genaro me obligaba a corresponderle. Así que se sentó con su junta de directivos para plantearles la propuesta, pero ninguno le hacía segunda. Decían que yo ya estaba mayor, que no vendía el prototipo de las conductoras que se veían en televisión («tetas y culo»), y que si él se empeñaba en pasar el programa al aire le apostaban que todos se irían a bañar desnudos en la Plaza de Armas del Perú si es que yo era capaz de conseguir, al menos, un punto de rating.

Por supuesto: yo no vendía cuerpo, pero tenía algo mucho más valioso: cerebro. Y ya era hora que las mujeres, también en la televisión, nos distinguiéramos por eso y no por la figura. Lo tomé como un gran reto y acepté la propuesta. *Intimidades* se lanzó en el canal 5 de televisión. El programa empezó muy suave, tanto en contenido como en audiencia, comparado con lo que después fue. Ni en ese momento ni nunca en mi vida tuve que pasar por la cama de algún hombre para lograr mis objetivos.

Con dos y tres puntos de rating en los primeros programas, la emisión en formato de *talk show* presentaba temas y reportajes que no se habían visto antes en la televisión. Mi programa fue el primero en presentar, por ejemplo, el viacrucis de cirugías al que tenían que someterse los hombres que deseaban cambiar de sexo. Los protagonistas de estas emisiones eran las personas comunes que dejaban sus testimonios y experiencias relacionadas con temas sociales, familiares, sexuales, etc. Así que pronto *Intimidades* se convirtió en un programa de avanzada porque nos atrevíamos a mostrar lo que en otro lado no se veía. La producción se esmeraba por construir emisiones en las que los espectadores pudieran ampliar sus perspectivas de la mano de especialistas en los temas que presentábamos.

El programa, producido por Alberto Rojas, pronto tuvo ratings nunca antes vistos en aquella televisora: 15 y hasta 18 puntos diarios alcanzaban nuestras emisiones. El éxito que tenía empezaba a resonar en otras televisoras, entre ellas América Televisión, cuya emisión más exitosa era la que conducía su estrella Gisela Valcárcel, quien con sus concursos y entrevistas en *Aló Gisela* comenzó a ver dividida la preferencia del público que ahora me sintonizaba en canal 5.

Ese fue el motivo porque el que los directores de América Televisión, la cadena más importante del Perú, se acercaron a mí para plantearme una propuesta para integrarme a su talento artístico. Aquella propuesta se presentaba apenas a seis o siete meses de mi primera participación en televisión. Lo veía como un ascenso vertiginoso, pero aún no terminaba de digerir todos los cambios que habían venido a mi vida.

Cambiarme a América Televisión suponía, ya de por sí, llegar a las ligas mayores de la televisión en Perú. La cobertura y proyección que me ofrecían solo podían augurar que los mejores años de mi carrera estaban por venir. Antes de renunciar hablé con los ejecutivos para pedir un mayor crecimiento y apoyo, avalada por los ratings y el éxito del programa entre el público. Pero ellos no me hicieron ninguna oferta y entonces yo renuncié, lo que provocó un pleito entre las televisoras (la que dejaba y la que me recibía) que se resolvió con abogados. Yo no me enteré más que de la resolución: era libre para seguir trabajando con quien me contrataba.

Estuve unas semanas fuera del aire preparando lo que sería mi nuevo programa que se mantendría en el formato del *talk show* y se concentraría en temas sociales con los cuales la gente ya me identificaba: maltrato a mujeres y niños, adiciones, alcoholismo, abusos de poder, etcétera.

Laura en América

El programa salió al aire a la 1 de la tarde en el canal 4 de América Televisión, con el nombre de *Laura en América*. Entonces, a Gisela la movieron al canal 13, lo que produjo muchas especulaciones sobre la «guerra entre las dos» por conseguir la mayor audiencia. Hasta ese momento Gisela era la reina indiscutible de la televisión peruana, y supe que hubo apuestas como la que hicieron José Enrique Crousillat, dueño de América Televisión, y Genaro Delgado Parker, dueño de canal 13, por cuál de las dos iba a ganar en el rating.

Recuerdo que entonces Gisela comenzó a invitar al programa a muchos artistas de talla internacional: El Puma y Julio Iglesias, ente otros. Yo me sentí asustada porque su producción iba con todo para ganar. Pero dejé de ver lo que ellos hacían y me concentré en lo que yo sabía hacer: darle voz a los que no tenían voz. Una vez que la cámara se encendía yo me dejaba ir. Jamás he usado teleprompters, apuntadores o preparado un *speach*; simplemente me dejaba guiar por el corazón, entregándome a la misión de reflejar en pantalla un caso y lo demás venía natural.

Ahora puedo decir que en realidad no hubo tal guerra entre nosotras, ni siquiera una batalla. Desde el comienzo de la emisión, los ratings de mi programa fueron infinitamente más altos, entre 40 y 50 puntos diariamente. Perú se paralizaba al momento que empezada *Laura en América*. A Gisela comenzaron a llamarla *La seis puntos* porque era lo máximo que alcanzaba de audiencia, así que al cabo de un tiempo se vio obligada a salir del aire.

Los programas de televisión en los que he estado son como hijos a los que se les quiere de forma incondicional, pero si he de expresar mi preferencia por uno, no dudaría en decir que fue éste. *Laura en América* fue el resultado de la suma de muchos esfuerzos, de un gran equipo, lo que contribuyó al rotundo éxito que tuvo. Pero, ¿qué era lo extraordinario en nuestro trabajo?

Contaba con una numerosa producción que incluía a un robusto grupo de 32 investigadores comandados por Aurelia Gaviria, la jefa de investigación; un equipo de vestuario que no solo se encargaba de mí sino también de vestir a los panelistas. Recuerdo que Aurelia, por cumplir con su trabajo al ir a comprobar la veracidad de un caso, perdió a su primer bebé. Mi reconocimiento a su labor siempre será grande y sincero. Eso solo puede hablar de la mística con la que todos trabajábamos, siempre comprometidos y unidos como familia.

Ya que *Laura en América* era un programa que trataba temas sociales que aquejaban a los más desprotegidos de la sociedad peruana, era común que a algunos llegaran panelistas necesitados de una ducha o de ropa en buenas condiciones para salir al aire. De eso se encargaba mi equipo de producción. Todos tenían un profundo compromiso de presentar realidades, no de lucrar con ellas o con el dolor que provocaran. Incluso teníamos un equipo de dentistas, pagados por la producción, para que solucionaran los problemas dentales de los panelistas.

Técnicos, camarógrafos, asistentes, todos éramos un gran equipo en el que cada integrante tenía plena consciencia de su función para poder presentar al público una emisión de calidad.

Más que un programa de entretenimiento, *Laura en América* era un espacio en donde la gente de escasos recursos tenía voz para denunciar injusticias legales, problemas de salud, violencia y maltrato familiar, explotación sexual y hasta infidelidades. Éramos, sí, un escaparate que reflejaba la realidad de millones de personas y no había manera de que el televidente no sintiera empatía por quien veía enfrente.

Centenares de casos desfilaron por ese programa. Solo relatar los casos de las miles de personas a las que ayudamos llenaría otro libro. Pero ahora quiero referirme a dos que en su momento me impactaron especialmente. Uno, el de una mujer con un embarazo de ocho meses que se presentó en el programa pidiendo ayuda porque su marido la había acuchillado en la panza. Recuerdo que lloraba de forma incontenible y yo podía ver la marca de un zapato en una de sus mejillas. Le di instrucciones a mi producción de que le consiguiéramos albergue y pagamos los gastos de su parto. Al poco tiempo me enteré que la mujer regresó con su marido, que además la prostituía. Lejos de entristecerme, me llené de más motivos para continuar y luchar desde mi programa para que las mujeres tomaran valor y comenzaran a respetarse a sí mismas, y que casos como éste no se repitieran.

Estaba segura de que mostrarles en pantalla casos en los que otras mujeres habían salido de esos círculos de maltrato y explotación las haría tomar la decisión de cambiar. Mi papel frente a la cámara no era el de una conductora, yo era un agente de cambio para miles personas.

Y dos, el tema de las drogas también fue abordado varias veces en el programa desde diferentes perspectivas. Dedicamos una emisión a mujeres extranjeras que por presión o por engaños cayeron en manos de las mafias que las obligaron a servir de *burriers* (mulas de carga) para pasar droga al Perú. Hablamos de mujeres que se encontraban presas en nuestro país por ese delito y presentamos testimonios de exconvictas que estaban imposibilitadas (por dinero o situación legal), para reunirse con sus familias.

Como parte del programa cumplimos la misión de traer a sus familias del extranjero para que por fin se reunieran. Fue gracias a *Laura en América* que esos reencuentros y muchos otros, fueron posibles.

Pero eso no fue todo: implementamos dos mil comedores populares, impartimos cursos para que las mujeres se convirtieran en microempresarias, pagamos centenares de cirugías a personas de escasos recursos, entre ellas una operación de transplante de corazón a una madre de familia. Las filas de personas que venían en busca de ayuda a Solidaridad Familia, nuestra fundación, eran interminables, y no exagero al decir que le cambiamos la vida a miles de personas. De todo esto me siento muy orgullosa.

El éxito es una bendición que nunca llega sola, siempre viene acompañado de la crítica y la envidia. Y es saber sortear aquello lo que verdaderamente te convierte en una persona exitosa. Ya fuera para validar el trabajo que hacíamos, o incluso para criticarlo y denostarlo, desde las clases más bajas hasta en los círculos de las más altas esferas mi programa y yo éramos tema de conversación. Sin embargo todos contribuyeron a que esa emisión se convirtiera en un fenómeno nacional y más tarde, internacional.

Mucha gente me ha preguntado dónde y cómo nació la frase que me caracteriza: «¡Que pase el desgraciado!» Bueno, la anécdota es la siguiente: en un programa, una joven se quejaba de que su pareja la había embarazado y no quería hacerse responsable. En la investigación pudimos constatar que había tres jóvenes más, a las que, con pocos meses de diferencia, también había embarazado. Así que primero presenté a las mujeres, y cuando me tocó llamarlo para enfrentarlo con ellas me salió del fondo del alma anunciarlo así: «¡Que pase el desgraciado!» A partir de entonces, la frase se quedó como un sello distintivo del programa.

Después de dos años de éxito constante del programa, en 1999, me llegó una propuesta de Bolivisión para comprar la lata de mi programa. Me invitaron a hacer un recorrido por Bolivia y quedé en *shock* por la forma en la que fui recibida. Miles de personas se dieron cita en todos los lugares donde me presenté. Fue una experiencia apoteósica. No podía creer lo que estaba viviendo. Entonces mi programa comenzó a transmitirse en ese país, y el fenómeno de los ratings no tardó en repetirse.

Meses más tarde recibimos una propuesta de Telemundo para comprar los derechos de transmisión en Estados Unidos para el mercado hispano. En ese momento me sentía absolutamente incrédula. ¡Cómo! ¿Mi programa ahora en Estados Unidos? Nunca había soñado con la internacionalización, no la busqué y ahora que se presentaba simplemente no lo podía creer.

Mientras yo ganaba reconocimiento en mi vida profesional y en los medios de comunicación internacionales, Mario se alejaba todavía más. No se había involucrado en mis nuevas actividades ni mostraba interés por ellas. Finalmente terminó por derribarse la imagen que tenía de él cuando nos casamos, y vi en mis hijas el motor por el cual entregarme a esta nueva etapa como comunicadora.

Veía a mi esposo más como un compañero de vivienda que como mi pareja. Metía a Alejandra a dormir conmigo y a su papá lo mandé a otro cuarto. Así habían pasado los últimos años juntos, sin tener nada que ver como matrimonio, viviendo juntos como hermanos, pero con vidas completamente paralelas.

La internacionalización era una maquinaría que, lo hubiera soñado o no, ya estaba en marcha. Me invitaron a viajar a España para presentarme en el programa *Crónicas Marcianas*. Se trataba de un *late show* conducido por Javier Sardá, Miquel José y Jordi Roca. Era un programa que tenía diferentes secciones y mesas de debate, con el elemento en común del humor con el que los conductores abordaban los temas y hacían las entrevistas a personalidades que presentaban en la parte central del programa.

Por lo que, mi invitación a acompañarlos se daba en el contexto de hacer una crítica al programa que yo conducía, y que tanto éxito tenía en diferentes países de América, así como de hacer mofa de mi persona y de mi estilo frente a las cámaras. Llegué al estudio con la idea clara de que en emisiones pasadas ellos ya se habían ocupado de mí, reproduciendo fragmentos de *Laura en América* para luego rematar con burlas. En ese sentido, no era un secreto cuál sería el tono de la entrevista en el segmento que me dedicarían.

Pero lo que ellos no sabían era que esta «cholita peruana» iba preparada para todo y dispuesta a contestarles de tú a tú. Tan candente se puso la cosa porque los enfrenté con la horma de su zapato, que el breve segmento que me tenían destinado se convirtió en dos programas completos dedicados a mi persona. Esto significó una gran victoria para mí.

No fue esa la única que vez que pasé por situaciones incómodas en programas de televisión, fungiendo como invitada. En un siguiente viaje a España, en medio de una gira, visité el programa *¿Dónde estás corazón?*, que ahora traigo a colación porque tuve una discusión al aire con un abogado que me llamó «sudaca» (término despectivo con que algunos españoles se refieren a los sudamericanos) y criticó con desprecio al Perú. Yo le respondí, frente a un vasto público español, que los problemas que podíamos tener en Sudamérica eran gracias a los españoles delincuentes y corruptos que enviaron en la época de la Conquista para saquear nuestros países. Y que fueron ellos quienes llevaron al nuevo continente todas las malas costumbres que ahora padecíamos. Luego de decir aquello me quedé paralizada del terror ¡porque estaba en España! Mayor fue mi sorpresa cuando el público me ovacionó de pie, respaldando con su aplauso lo que acaba de pronunciar.

Mientras estaba en España me contactó la producción del programa de Raffaella Carrá para invitarme a participar en él. ¡No lo podía creer! Me presentó como «un fenómeno de la televisión de habla hispana, descendiente de italianos». Fue una maravillosa experiencia pero yo estaba tan nerviosa que no podía hablar en italiano, idioma que manejo a la perfección. Estaba bloqueada. Sin embargo, de acuerdo con la producción, el programa tuvo buenísimos niveles de audiciencia. Hablamos de cómo mi familia dejó Italia para ir a Perú, de lo que habían logrado en el exilio, de mi programa y de mi estilo en televisión.

Laura en América fue programado en Telemundo en un horario que competía con la multimillonaria producción de Cristina

Saralegui, a quien yo admiraba y admiro, como la gran comunicadora que es, creadora del formato de los *talk show*, brillante periodista. Y aunque sé, porque lo ha dicho públicamente, de su rechazo
hacia mi persona, quiero expresarle en este libro un reconocimiento por su trayectoria, así como el gran cariño y admiración que
siento por ella.

Era una época en la que viajaba mucho para promover el programa en los países donde ya se transmitía. Vine a México, donde
la gente me veía por Galavisión, Canal 9 de Televisa. Durante mi
primera visita Federico Wilkins, productor del programa *Hasta en
las mejores familias*, me invitó a venir y no solo eso, sino que me
hizo una espacio para que condujera un segmento. Marisol Crousillat viajó conmigo para impedir que tuviera reuniones con ejecutivos y me fuera de América Televisión.

Sin embargo yo ya sabía que Emilio Azcárraga Jean, dueño de
Televisa, así como sus directivos, querían conocerme aprovechando que estaba en sus instalaciones. Loca como soy, le dije a Marisol
que iba al baño y aproveché el momento para escaparme por una
ventana y reunirme con Emilio y sus ejecutivos.

De ese encuentro no puedo olvidar que nuestras manos se es-
trecharon en un pacto en donde yo le dije: «Algún día voy a estar
en Televisa y será para siempre».

Lo que más me impresionó de este primer viaje a México fue
el amor con el que me recibió la gente y la Basílica de Guadalupe.
Ya mi padre me había hablado maravillas del país; yo lo había visitado muchas veces como turista pero experimentar esa calidez, ese
cariño, solo podía definirlo como amor a primera vista. Y este sen-
timiento se quedó conmigo para toda la vida. México me hizo
sentir que yo era parte de allí y que encajaba. Y si bien en todos los
países donde iba me recibían con amor, hubo algo especial, que no
podría explicar con palabras, que me hizo sentir la gente mexicana,
el público. Fue un auténtico sentido de pertenencia y blindaje que
sentí con quienes hasta hoy son mi público.

Quiero conocer a Laura

Durante la década de 1980, Perú estuvo invadido por una ola de intranquilidad e inseguridad provocada por el surgimiento de dos grupos revolucionarios, llamados: Sendero Luminoso y MRTA (Movimiento Revolucionario Túpac Amaru). Estas guerrillas, con una marcada ideología maoísta, formaron bases de adeptos sobre todo entre la población campesina, que los apoyó ante las promesas que les hicieron de recibir, por fin, la justicia social a la que no habían tenido acceso.

Los métodos y las manifestaciones que utilizaban estos grupos subversivos para enfrentarse al Estado siempre se caracterizaron por la violencia; nunca les importó la cantidad de víctimas civiles que se llevaran consigo. El MRTA secuestraba empresarios para pedir rescate, y muchas veces estos secuestros terminaban en asesinato, aunque la familia hubiera pagado. También colgaba a homosexuales y ladrones, para «aleccionar» al pueblo. Por su parte, para 1990, el saldo de terror de Sendero Luminoso era de 16 mil personas muertas. Durante un periodo de casi veinte años, los peruanos vivimos una etapa marcada por el terrorismo, cuyos crímenes y confrontaciones con el ejército eran cada vez más violentos. Fue una verdadera época de terror e inestabilidad.

Gobiernos y políticos de centro, derecha o izquierda, no supieron o no quisieron enfrentar el problema, lo que desembocó en una guerra civil que condenó a la sociedad a vivir en medio de atentados, emboscadas y masacres. Unos y otros robaban, censuraban y limitaban los derechos de la gente. Desde Velasco Alvarado y todos los que le siguieron en la presidencia, la clase política se atornilló en el poder y olvidó sus convicciones. La política debería ser usada, si se tiene la fortuna de tenerla cerca, únicamente para beneficio de la gente. Los políticos deben ser instrumentos para darle a las clases bajas lo que tanto prometen y se les olvida al llegar al poder.

Fue en este contexto que yo desarrollé mi vida profesional, y por supuesto que mi ingreso a los medios de comunicación fue también una plataforma, sobre todo en mi primer programa (el de Canal 11), para expresar de frente y sin tapujos mis desacuerdos con la clase política, particularmente con quienes en ese momento se encontraban en turno. Mis desavenencias con Alberto Fujimori y su asesor principal, Vladimiro Montesinos, salieron a la luz en aquella época y concluyeron públicamente con el cese del programa *Las mujeres tienen la palabra* y un enjuiciamiento que me hicieron por las críticas que plasmé ahí.

Luego de ese episodio me convencí de que, si bien la política podía servir para ayudar a la gente, era también un medio en el que no podía otorgársele la confianza a ninguno de los que la ejercían porque siempre anteponían sus agendas partidistas por encima del bienestar social. En ese sentido, los medios de comunicación se convirtieron en mi único camino para hacer yo, por la gente necesitada, lo que el gobierno no tenía como su prioridad.

El terrorismo no me fue ajeno; me tocó en carne propia. El jueves 16 de julio de 1992, viví el atentado de Tarata en el distrito de Miraflores. Estaba en una ceremonia en el colegio con mis hijas, en San Isidro. Mario y yo habíamos olvidado las llaves dentro del carro y eso provocó que no pudiéramos regresar a casa inmediatamente. Al mismo tiempo que nosotros buscábamos cómo abrir el auto, sentimos una tremenda sacudida, como si se tratara de un temblor, pero ésta venía acompañada de un estruendo y a lo lejos vimos fuego. En un principio no sabíamos de qué se trataba.

Finalmente pudimos abrir el carro, y asustados por la explosión, tratamos de regresar rápidamente a casa. Sin embargo, fue imposible hacerlo: todo estaba como en una película apocalíptica, de esas en donde se avecina el fin del mundo. No pudimos llegar a nuestra casa porque todo estaba acordonado por la policía, no se permitía el ingreso de los residentes. El departamento donde vivíamos estaba semidestruido. Con el paso de las horas supimos exactamente lo que había ocurrido.

Dos coches bomba con 250 kilos de explosivos cada uno, fueron colocados por el grupo terrorista Sendero Luminoso en una zona residencial. Al explotar, habían provocado la muerte de 25 personas al momento, y la cifra aumentó hasta 40 durante los siguientes días. También se contabilizaron más de 200 heridos. Fue tal la onda expansiva de la explosión que se dañaron, e incluso destruyeron, 183 casas, 400 negocios y 63 automóviles que estaban estacionados.

De Miraflores a San Isidro hay casi 24 kilómetros de distancia, y la explosión se sintió como si los carros hubieran volado a una cuadra. Sendero Luminoso se adjudicó rápidamente el atentado y el objetivo era atacar la agencia del Banco de Crédito del Perú, que se encontraba en las inmediaciones, y hacer estallar los autos a las 21:20 horas, pero el vigilante del estacionamiento no los dejó permanecer en los vehículos y los terroristas disfrazados de conductores dejaron las unidades en plena calle.

En los días posteriores, los medios calculaban que las pérdidas materiales superaban los 3 millones de dólares de aquel entonces. Pero lo material, sin importar en cuánto valuaran la catástrofe, no era mayor a las vidas que se perdieron.

Montesinos

En el contrato que firmé cuando me fui a América Televisión se estipulaba que una parte del presupuesto de *Laura en América*, se destinaría a la ayuda social por medio de operaciones, programas de trabajo para madres de familia (como los carritos sangucheros), alimentación y educación.

Esta ayuda de verdad iba a parar a las manos de la población que la necesitaba, y esto le dio credibilidad al programa, nos ganó la confianza de la gente y eso se tradujo en más anunciantes y en más rating. Estaba al frente de un círculo virtuoso: mientras más ayudábamos, más recursos nos llegaban para cumplir con nuestra misión.

Un día, al término de la emisión del programa, fue a verme el dueño del canal, José Francisco Crousillat, para decirme que cancelara mis planes para comer porque saldríamos juntos. No me pareció raro ni nada porque era algo que hacíamos con regularidad él y yo en el restaurante Costa Verde. Ya en el auto me dijo que a la comida asistiría también alguien que quería conocerme, y entonces sí le pregunté por el nombre y no me lo quiso dar. Yo me imaginé en ese momento que podría ser el presidente Alberto Fujimori.

No conocía ni remotamente la zona por la que andábamos, pero a pocos minutos de llegar, José Francisco me dijo que nos dirigíamos al Servicio de Inteligencia Nacional y que quien me quería conocer era Vladimiro Montesinos.

Habían pasado algunos años desde que tuve mi primer enfrentamiento con él, cuando me enjuiciaron por las críticas en el programa de Canal 11, pero aquella tarde sería la primera vez que lo vería en persona. Me consumían los nervios; ya no se trataba solo de ver al principal asesor de Fujimori: sino que la cita era con el jefe del Servicio de Inteligencia Nacional del Perú y nuestro destino era el búnker del SIN.

Entramos directamente a un estacionamiento. Subimos unas escaleras y en lo alto nos esperaba, de pie, el doctor (así le llamaban todos) para recibirnos. Me extendió la mano y se presentó. Saludó a José Francisco y nos invitó a pasar al comedor, en el que la mesa ya estaba dispuesta. Lo primero que llamó mi atención fue la música: al fondo sonaba José José, y comentar que era uno de mis cantantes favoritos fue lo que rompió el hielo. Vladimiro Montesinos comenzó a hablar de los artistas que le gustaban y encontré que había coincidencias con los míos. Para el segundo tiempo de la comida me di cuenta de que para armar aquel menú me habían «investigado». Todos aquellos platos estaban en mi lista de favoritos.

La charla fue de un tema a otro: desde las lecturas clásicas que ambos habíamos hecho, hasta cómo era mi vida en la televisión, el éxito que tenía mi programa, la rutina de trabajo, la situación del país. Fue una charla como la que habría tenido cualquier grupo de personas en cualquier lugar.

El doctor no bebía y tampoco fumaba. Yo solo lo conocía por las cosas que se decían acerca de él en los medios y en la calle. Pero apenas unos minutos después de haberlo conocido me di cuenta de que se trataba de un tipo sumamente inteligente, que podía llevar una conversación sobre casi cualquier tema y además se expresaba correctamente. Sin embargo, se mostraba un tanto reservado y distante cuando la charla se orientaba a cuestiones que le involucraban, pero volvía a ser más afable cuando los temas eran más impersonales.

Luego de un rato de sobremesa se dirigió a mí para decirme: «Laura, te quiero enseñar la réplica de la Embajada de Japón que hicimos para rescatarla de los terroristas y lograr la liberación de los rehenes». Imagínense, ¿quién, en su sano juicio, le diría que no a esa oferta? Como comunicadora y con la formación profesional que tengo, desde luego que la invitación resultaba atractiva a todas luces. Cruzamos unos pasillos para entrar a un área donde, efectivamente, estaba una réplica de la embajada y los túneles que construyeron.

Aquí es necesaria una explicación: ¿Por qué construyeron esa maqueta?, ¿de qué estaba hablando Montesinos? Voy a ponerlos en contexto. El 17 de diciembre de 1996, el embajador de Japón en Perú ofreció una fiesta por la celebración del cumpleaños número 63 del Emperador Akihito. Casi 900 invitados se encontraban en la Embajada cuando fue tomada por un comando del grupo terrorista Túpac Amaru.

Esa misma noche fueron liberadas 800 personas, pero los terroristas conservaron como rehenes a 72 más. Así que quedaron en la embajada diplomáticos, políticos, congresistas, ministros y otras personalidades. De tal suerte que el golpe acaparó de inmediato las miradas del mundo y puso una enorme presión sobre el gobierno del presidente Fujimori para resolver la situación.

Los terroristas pedían la liberación de sus compañeros presos en diferentes cárceles del país, mejoras en las condiciones de la cárceles peruanas y la revisión de las políticas neoliberales que había emprendido el gobierno.

La prioridad del gobierno fujimorista era garantizar la vida de todos los rehenes, así que puso en marcha una estrategia de la cual todos los peruanos y resto del mundo tuvo noticias, cuando 125 días después, el 22 de abril de 1997, las fuerzas armadas entraron a la embajada por medio de unos túneles. En la operación murieron un rehén, dos comandos de las fuerzas armadas y los terroristas del MRTA. Como peruana, este operativo me llena de orgullo porque fue considerado como una de las mejores estrategias de inteligencia en el mundo. Y desde aquí reitero mi reconocimiento a todos los que participaron en él.

Con esta acción, el presidente Fujimori puso fin a un episodio más de terror que durante meses nos tuvo en vilo a los peruanos. Y su actuar fue visto por la sociedad como un ejemplo de la lucha frontal contra el terrorismo que había emprendido en nuestro país.

De cómo se planeó la estrategia y se puso en marcha la operación me habló Vladimiro Montesinos aquella tarde en la que lo conocí. Todo se había gestado en las instalaciones del SIN y él había sido una pieza clave en la planificación.

Quedé deslumbrada con todo lo que me contó, ya que como dije, yo había sido víctima del terrorismo y no podía más que sentir admiración por quienes se atrevieron a enfrentarlo. Montesinos hablaba con un talante que lo hacía lucir frío, seguro, analítico y un tanto calculador. Como si aquello fuera solo un trabajo que tenía que hacerse así, y no como el gran acto reconocido a nivel internacional en que se convirtió.

No me quedaba la menor duda de que estaba frente al hombre sobre el que recaía una gran parte del poder en la administración de Fujimori. Mucho se habló de ello, no solo en Perú sino también por los analistas e historiadores internacionales. Por lo menos a mí, de lo que me tocó vivir y conocer, me dejaba la certeza de que los temas de seguridad y política más importantes del país, eran manejados por Montesinos.

Esa fue la primera vez pero no la última que visité el búnker. Durante mi encierro, quienes me acusaban utilizaron esas visitas como si se trataran de hechos que no debían salir a la luz, o como si yo me hubiera empeñado en mantener oculta la relación que surgió a partir de aquella visita.

En mi programa, y los videos de aquella época han quedado como testigos, a veces hablaba de él o le mandaba saludos. Vamos, ¡le dediqué mi programa de cumpleaños! Porque sin poder catalogarla de amistad, lo que había entre los dos era una relación de admiración: de él hacía mí porque aunque yo no me daba cuenta —dada mi permanente inseguridad y baja autoestima que no suelo mostrar en pantalla—, yo tenía un poder del cual él carecía: el de la cercanía con la gente, el de contar con su amor. Y sin duda pensó que lo podía utilizar a través de mí.

Vladimiro Montesinos era el poder detrás del trono, y no había peruano que no quisiera conocerlo. Estaba feliz que un hombre tan poderoso quisiera conocerme; no podía evitar experimentar una fascinación y admiración por el halo de gran hombre que lo rodeaba. Durante mi juicio, la prensa y quienes me acusaban explotaron al máximo la mentira de que había tenido una relación amorosa, pero eso era totalmente falso; nunca se dio. Se decía que yo dormía con él en el SIN, cuando en realidad su pareja era Jacqueline Beltrán.

La verdad es, que toda esa historia fue armada y difundida por Martilde Pinchi Pinchi, su amante ocasional y una mujer enferma de celos que no solo a mí me vio como una amenaza, sino también a todas las demás mujeres que tuvieran algún tipo de cercanía con Vladimiro. Y, como ocurre siempre con las mujeres despechadas, fue ella la que terminó por destruirlo.

La verdad es que me fascinaban las visitas al búnker. Me mostraba interrogatorios, me hablaba de planeaciones estratégicas para operaciones pasadas y, para mí, como doctora en Ciencia Política, todo aquello era del más absoluto interés. En alguna de esas visitas me dijo: «Espera, ahora te voy a mostrar el interrogatorio que le hicimos a Abimael Guzmán cuando lo capturamos». Pero este episodio también requiere de contexto:

Sendero Luminoso fue una de las dos células terroristas que sumieron al Perú en una época de instabilidad, como ya les mencioné al inicio de este capítulo. Su fundador y líder, Abimael Guzmán, no solo cometía actos violentos contra las Fuerzas Armadas o la Policía Nacional, sino que también atacaba a civiles con el objetivo de crear presión para que sus ideales marxistas se instauraran en el país.

Guzmán fue el responsable de muchas muertes de civiles de todas las clases sociales, con actos atroces como emboscadas o explosiones donde había concentraciones de gente. Cometió masacres lamentables como las de Lucanamarca y Mapotoa (ésta última, una comunidad indígena del Perú central).

Durante años adoctrinó a legiones de seudorevolucionarios que lo seguían como si se tratara de un dios. Era cruel, sanguinario y desalmado, y no se tentaba el corazón para crear caos en el país. Fueron doce años de terrorismo los que encabezó Abimael Guzmán.

Mediante la Operación Victoria, el gobierno de Fujimori, a través de su servicio de inteligencia, empezó a capturar a elementos claves del grupo para cercar al líder y atraparlo. Primero fue detenido Luis Arana Franco, que abastecía a Sendero Luminoso de recursos económicos, y con los datos que proporcionó dieron con Walter Vargas y Carlos Icháustegui, elementos cercanos a Guzmán. Gracias a ellos se llegó al lugar que servía de base a la célula terrorista y que se inspeccionaba de forma periódica y en secreto para encontrar pistas sobre el paradero del jefe.

Fue así como lograron intervenir comunicaciones y establecer las coordenadas del lugar y día para capturar, en un mismo operativo, a Abimael Guzmán, Elena Iparraguirre, María Pantoja y Laura Zambrano, con lo cual quedó completamente desarticulado el grupo terrorista. Fue una operación que llevó meses de investigación, seguimiento y planeación, y brindó brillantes resultados el 12 de septiembre de 1992.

Aquella tarde, Montesinos me enteró de los pormenores de la operación y de cómo el sanguinario terrorista se había comportado en el interrogatorio. Sin poder contar lo que ahí declaró, porque aún forma parte de los archivos clasificados de la nación, sí les puedo hablar de ciertas actitudes que llamaron mi atención.

El criminal estaba en un cuarto donde sonaba Frank Sinatra y en una mesa había comida. Montesinos, como si se tratara de una escena que necesitaba que me describiera, me contaba que la música de Sinatra era una de las favoritas de Guzmán, y que la comida servida en el plato también era de sus preferidas. No sucedió durante el interrogatorio que ví, pero supe que Guzmán también tenía derecho a ver a su pareja, con la cual lo capturaron y que se encontraba presa en la misma base.

Estaba sorpendida. ¿Y la tortura? ¿Y la violencia para hacerlo hablar? No hubo nada de eso; esas prácticas no se usaron para hacer hablar a Abimael. Y tampoco los demás miembros de la célula terrorista sufrieron tortura.

En otra ocasión, Montesinos me mostró los interrogatorios del Camarada Feliciano, quien asumió la dirección de Sendero Luminoso tras la captura y rendición de Abimael, y la «técnica» para obtener información era la misma: crearles un ambiente amable con cosas que les gustaban.

Claro que le pregunté por qué tanta amabilidad, pero lo cierto es que su explicación tampoco decía mucho. Él siempre se empeñó en mostrarme una cara amable, como de una persona buena. Cuando no hablábamos de política, se la pasaba mencionándome a sus hijas, sobre todo a la mayor. Tenía un amor inmenso por ella. Me contaba de su esposa, de lo mucho que ella se había sacrificado por el trabajo que él tenía, y de su preocupación por mantener a su familia alejada de la vida pública para que no fueran víctimas de las decisiones que tomaba en su trabajo. El precio de mantenerlas a salvo era que convivieran poco y verlas todavía menos.

Solo puedo decir que el Montesinos que conocí, con el que me reuní muchas veces, siempre me mostró una cara que distaba mucho de sugerir que él podría haber cometido todos esos crímenes que después salieron a la luz. Creo que en el momento en que nos conocimos él se había acostumbrado a adoptar ciertas actitudes que antes le sirvieron para librar su guerra contra el terrorismo, y ahora no le era fácil desprenderse de sus máscaras. Para bien y para mal, las múltiples caras de su personalidad, que ahora se conocen, le ayudaron a librar esas batallas. De todas ellas, incluida la imagen que a mí me mostró, solo él puede saber cuál era la verdadera. De lo que sí estoy segura, es que todas le pasaron una factura que ha tenido que pagar.

Involucrarme en conversaciones de política o en temas de la agenda pública, y proporcionarme información que cualquier adversario o medio de comunicación mataría por tener, solo tenía dos explicaciones para mí: o era la forma en la que Vladimiro Montesinos me echaba en cara las críticas que hacía unos años yo había vertido sobre Fujimori; o bien, se trataba de la mejor forma de ganar mi confianza, presentándome los actos más contundentes de su gestión para así cambiar mi percepción y junto con ella la de mucha gente que seguía mi programa y me veía como su líder de opinión.

Esto último era, sin duda, lo más apegado a sus intenciones, como quedó demostrado años más tarde, cuando todos los días salían a la luz pública los «vladivideos». En uno de ellos, Montesinos se encontraba reunido con los dueños de las principales televisoras peruanas hablando de las figuras de televisión que podían ser «compradas para el régimen». Cuando se mencionó mi nombre, Montesinos se adelantó a decir: «¡No, a Laura yo no puedo pedirle que diga nada! A ella hay que convencerla. Si ella no cree en algo, no dirá nada. Laura no es como las demás conductoras a las que les pago. ¡Ella es incomprable!». Y José Francisco Crousillat completó: «No, a Laura se le llega por el corazón».

Uno de los días en que fui a visitarlo me sorprendió pidiéndome que lo acompañara; tomó el auto pero yo no sabía a dónde íbamos. Conducía un carro sencillo, nada lujoso o llamativo, en el que llegamos a la librería Época. A los dos nos gustaban los libros y anduvimos por ahí un rato mirándolos y comentando lecturas. Todos los que estaban en el lugar nos dedicaban gestos de asombro o de franco espanto; lo mismo ocurrió en la calle, cuando salimos. Fue entonces que se le ocurrió hacer una parada adicional en la heladería Tip Top. Ese era el tipo de cosas que teníamos en común, y que en la retorcida mente de Matilde Pinchi Pinchi sirvieron para que hablara de una relación amorosa inexistente.

Para mí fue una sorpresa que me propusiera salir, que se permitiera apartarse, aunque fuera unos minutos, de ese búnker, pero lo hizo de manera tan natural que ni reparé que andábamos así, a la vista de todos, totalmente reconocibles y por ello llamábamos tanto la atención de los demás. La cara de sorpresa de todos al vernos llegar era una constante. Habíamos salido sin escoltas y sin un convoy que nos hiciera notar aunque no dudo que, de forma discreta y a una distancia prudente, sus guardespaldas nos vigilaran.

En aquella ocasión todos a nuestro alrededor tuvieron la oportunidad de vernos y de reconocernos, unos con cara de miedo (por él y no por mí) y otros con expresiones de asombro. Lo cierto es que nunca se trataron de reuniones con carácter secreto, y por ello, una revista nos dedicó un artículo sobre «la triada del poder», refiriéndose a Fujimori, Montesinos y yo. ¡Vaya escándalo que provocó la publicación con una serie de especulaciones que resultaban estúpidas e infundadas por dónde se les leyera!

¿Qué significaba todo aquello para mí? Una provocación. Siempre he sido rebelde. Bastaba con que me dijeran que algo estaba prohibido para que fuera y lo hiciera. Entonces, el artículo de la revista y todas las opiniones que se generaron alrededor de éste solo me animaban a provocar más a esa sociedad hipócrita que me juzgaba. Los grandes empresarios de los medios de comunicación se atrevían a hacer señalamientos cuando eran ellos los que se la pasaban aceptando dinero por un lado y haciéndose de la vista gorda por el otro, o bien, criticándome a través de sus espacios.

Y el tiempo se encargaría de darme la razón cuando se generó toda una ola de escándalos por los videos que salieron a la luz, donde se probaba que casi todos los dueños de medios habían ido a parar al SIN para reunirse con Montesinos con el fin de obtener beneficios; incluso aquellos que lo atacaban. Y todo eso a escondidas y en lo oscurito porque esas acciones constituían delitos.

Lo mío jamás rayó en lo oculto o transgredió alguna ley. A la postre si de algo se me puede culpar fue de haber sentido admiración y hasta un poco de amor platónico por el poder que emanaba de Vladimiro Montesinos, y que además él se encargaba de hacer notar en cada una de nuestras charlas.

Me divertía retando a la sociedad. Mientras más me retaban, más disfrutaba haciendo pública mi cercanía con el poder detrás del trono. Esta es Laura y así voy a morir: rebelde y testaruda. ¡Cuán alejada de la realidad estaba la difamación de Pinchi Pinchi al hablar de una relación amorosa entre los dos! Nada de eso pasó nunca. El terreno de lo carnal era algo que él buscaba en otra parte, con las vedettes de la época, con su amante oficial (Jacqueline Beltrán) o incluso con Matilde Pinchi Pinchi, pues ella sí era la verdadera amante de ocasión, y a solicitud de él, por la cercanía que tenían al trabajar en el mismo lugar.

Me parece oportuno aclarar que a esta mujer, Maltilde Pinchi Pinchi, nunca la vi en el búnker ni tuve conocimiento de ella hasta que apareció como la colaboradora eficaz del gobierno de Alejandro Toledo y ofreció todos los videos que probaban los actos de corrupción o compra de favores durante el régimen de Fujimori.

Se trata de una mujer sin cultura, sin estudios, que en cambio mostraba una actitud servil y un carácter dócil, por lo menos al principio, cuando ganó la confianza de Montesinos y éste la uso como prestanombres para poner en sus manos propiedades que ella aún conserva en el extranjero, como el edificio en Nueva York. Todos estos detalles los conocí, al mismo tiempo que el pueblo peruano, cuando su nombre se convirtió en sinónimo de difamación y de persecución.

Fujimori

De 1990 al 2000, la historia del Perú está estrechamente vinculada a Alberto Fujimori. Descendiente de emigrantes japoneses, nació en Lima y, de profesión, era ingeniero agrónomo. Su vida siempre estuvo ligada a la academia, donde fue catedrático y rector de una universidad agraria, hasta que en 1990 mostró aspiraciones políticas y decidió contender para ser el sucesor de Alan García, quien tenía al país sumido en un severa crisis económica, además de estar atravesando por los momentos más oscuros y violentos del terrorismo.

En aquellas elecciones, el número de candidatos a la presidencia era excesivo, pero con el correr de los días empezaron a destacar dos propuestas: la del Frente Democrático, encabezado por el escritor y aristócrata Mario Vargas Llosa, y la de Cambio 90, con Alberto Fujimori a la cabeza, un completo desconocido hasta antes de su postulación.

«Honradez, tecnología y trabajo» fue su lema de campaña, y estas demandas sociales rápidamente lo hicieron conectar con la gente. Además, poseía cualidades que el pueblo apreciaba y respetaba: era maestro, un ingeniero agrónomo, con amplio conocimiento de la situación del campo y sus problemas. Fujimori conocía Perú; lo había recorrido de punta a punta, y en sus giras dejaba ver que estaba familiarizado con las demandas de cada región.

No tenía experiencia política, ni plan de trabajo, pero no le hacían falta para ganarse la simpatía de la gente. Les hablaba directamente y en un lenguaje cercano a ellos; hizo una campaña montado en un tractor o andando en bicicleta, vestido con sencillez y hablando de darle al Perú la estabilidad laboral que desde hacía muchas décadas no había tenido. Trabajo, muchos puestos de trabajo, fue la mayor de sus promesas y la que más compraron sus electores.

Fue en ese contexto que en las elecciones presidenciales de 1990, aquel «chinito» (para sus simpatizantes los ojos rasgados se asociaban más con los chinos que con los japoneses) logró imponerse a Mario Vargas Llosa en segunda vuelta, y con ello se convirtió en presidente.

El arranque de su gobierno no fue sencillo; por un lado, gozaba de la simpatía de un pueblo ilusionado con su llegada, y por el

otro, tenía a una clase política que estallaba en cólera al ver el poder en manos de un «improvisado» al que atacaba con denuncias
de evadir impuestos y sospechas de gozar de la nacionalidad ja-
ponesa. Fujimori lidió con todo ello y finalmente puso en marcha
duras políticas de austeridad para lograr revertir la crisis económica.

Lo más complicado de llevar a cabo, y de poner en contexto
ahora, es toda la serie de medidas constitucionales y legislativas a
las que se enfrentó o que impuso para que pudiera elaborar una
nueva constitución en concordancia con su idea de gobierno. En
1995 fue reelecto por una mayoría abrumadora y fue en ese periodo que Perú alcanzó un notable despunte económico. Además,
como ya mencioné, le declaró una guerra frontal al terrorismo con
éxitos que se reconocieron a nivel internacional, y que por fin nos
pusieron en el camino de la pacificación. El último momento de
Fujimori al frente del poder fue en el año 2000, cuando se reeligió
por segunda ocasión, pero los escándalos de corrupción se hicieron presentes y decidió renunciar desde Japón, antes que enfrentar
y resolver la situación en el país.

Al presidente Alberto Fujimorí lo conocí a principios de 1999;
estaba por concluir su segundo mandato, el más exitoso y con los
mejores resultados en política interna. A nueve años de haber in-
gresado al palacio de gobierno por primera vez, sin pregonarlo, ya
había probado por mucho que conducía al Perú a una racha de
crecimiento y paz social. La invitación para reunirme con él me la
hizo llegar a través de los dueños del canal. La cita tendría lugar en
el Palacio de Gobierno.

Me sorprendió muchísimo la austeridad que lo caracterizaba.
Después de nueve años en la presidencia, y a diferencia de sus an-
tecesores, seguía vistiendo de forma discreta y sencilla. No traía
ropas de las mejores marcas ni los lujosos relojes que eran comunes
entre quienes ocupaban el puesto que él tenía. A este «chinito» se
le notaba luego luego que no le interesaba ser ostentoso. Simple-

mente no tenía la imagen de los presidentes que estamos acostumbrados a ver.

Comenzamos a charlar sobre ingeniería porque mi padre también era ingeniero. El presidente era un hombre que no pretendía encantarme con su plática o sonar interesante. Simplemente se mostraba auténtico, decía lo que pensaba y comentaba de lo que sabía. Recuerdo que no puede identificar en él la «malicia» y el «colmillo» que normalmente se vincula a la personalidad de los políticos.

Conversamos de diversos temas y quedé impresionada porque era la antítesis de todo lo que yo me imaginaba sobre él. A diferencia de Montesinos, a quien ya conocía, Fujimori no quería presumir del poder que ostentaba ni se vanagloriaba de ello. El tiempo que compartimos en esa reunión, y en las ocasiones posteriores en las que coincidimos, nunca se jactó o quiso impactarme con los poderes de su investidura. Más bien le encantaba hablarme de su formación y del trabajo que realizó para llegar a donde ahora se encontraba. Ahondaba en sus viajes por todo el Perú, y eso era más que suficiente para demostrar que Fujimori tenía un pleno conocimiento de la tierra y del pueblo al que gobernaba.

También hablamos del terrorismo y de la pacificación, pero no en los términos en los que esas pláticas se suscitaban con Montesinos. Los abordábamos como los grandes retos a los que el país se enfrentaba; eran charlas llenas de ideales y de deseos genuinos de trabajar por la grandeza de la Patria. Fujimori era un hombre al que le gustaba escuchar opiniones y yo no dudé en compartirle las mías, junto con mis experiencias. Recuerdo que se mostró empático con mi dolor cuando le narré cómo me había afectado el atentado de Tarata.

En ese tenor se dio nuestro primer encuentro. Me retiré del palacio con la sensación de haber encontrado puntos de encuentro con un hombre que, al igual que yo, se sentía comprometido con los que menos tenían. Me fui de ahí con la grata sensación de conocer ya a los dos pilares de un mismo equipo: Fujimori y Vladimiro.

Tiempo después, un día que me encontraba conduciendo mi programa, de pronto, sin que estuviera previsto o alguien de mi equipo lo supiera, se presentó el presidente Alberto Fujimori en el set. Era inevitable que interrumpiera el caso que estaba presentando para invitarlo a pasar frente a las cámaras y saludarlo. Antes de acudir conmigo, se paseó por las filas de adelante para saludar a las mujeres de los comedores que nos acompañaban aquella tarde, y solo después de eso le di la bienvenida al programa y aprovechamos para mandar a un corte y prepararnos.

Cuando regresamos de comerciales ya estaba dispuesta una pequeña salita en el set donde estábamos sentados ambos para dar comienzo a una entrevista no planeada. No recuerdo ahora si tenía que ver directamente con los casos que aquella tarde presentaba, pero comenzamos a hablar del maltrato y de la violencia doméstica hacia las mujeres. Se pronunció al respecto, habló de las acciones que su gobierno estaba tomando en esos temas y se comprometió conmigo a iniciar una lucha frontal para erradicarlos de la sociedad peruana.

Hacia el final del programa, públicamente me invitó a que lo acompañara en una gira para que juntos pudiéramos levantar el sentir de la gente en la región de la selva peruana. Quiero insistir en que, si hay un detalle que caracterizó el mandato de Fujimori, fue el de que viajó innumerables veces por todo el territorio para mantener el contacto con la gente. Recuerdo que dijo en aquel programa: «Yo te invito con una condición: que vayas con falda, Laura».

Estallé con una carcajada y el comentario me pareció divertido, pero a la vez me molestaba el apelativo de «piernona» con el que la prensa peruana siempre se refería a mí. Y no es que no me gustaran mis piernas, sino que quería llamar la atención por otros atributos, como mi inteligencia, y no por alguna parte de mi cuerpo. Por eso había decidido usar más pantalones que faldas.

Acompañé al presidente en una gira por la selva del Perú, casi en la frontera del país con Brasil. En las actividades del viaje, él destinaba una buena parte de la agenda a estar en contacto con la gente, ya fuera para escucharlos o para enseñarles a cultivar la tierra. Se sentaba con los agricultores en el suelo a conversar, les explicaba las cualidades de su tierra, las técnicas más adecuadas para cuidarla, así como distintos procesos de cultivo. A todas luces se veía que, el también ingeniero agrónomo, estaba en su elemento y se conducía con soltura.

Nos trasladábamos de un lugar a otro en bicicleta y lo hacía bastante bien, era un medio de transporte, un deporte y una terapia para él, y lo disfrutaba. Aquel viaje fue, definitivamente, una experiencia impresionante porque con él vi lo que otros presidentes nunca hicieron. ¡Y vaya que había conocido a otros!

Me di cuenta de que teníamos cosas similares; por ejemplo, la forma y el gusto por conectar con la gente más pobre. Cada uno desde su trinchera, teníamos el mismo público que nos expresaba un cariño y agradecimiento sincero. Él era el presidente de la gente que también me quería a mí. Esa experiencia fue impresionante para mí.

No me pagó por viajar con él, no me dijo que hablara bien de él, no exigió que avalara sus acciones. Sí me pidió que escuchara a las mujeres, que me acercara a ellas de la forma en la que siempre lo había hecho para conocer sus demandas de viva voz, sus condiciones de vida y los problemas familiares a los que se enfrentaban, pero sobre todo, para saber de qué forma podían ser ayudadas.

Es muy simplista creer que los que menos tienen solo necesitan dinero para solucionar sus problemas. Aunque los recursos económicos siempre ayudan, son la solución más efímera a los problemas. En cambio infraestructura, educación o autoempleo son acciones más complejas pero que a la larga son lo único que puede garantizarles que su futuro será mejor. En aquel viaje esa era la intención de Fujimori: llevar soluciones de fondo.

La convivencia de aquellos días me develó que el presidente no solo era austero en cuanto a su forma de vestir, también lo era en su alimentación: mucho pescado, y ya. Punto. Comía sencillo y sano, no fumaba ni bebía, hacía ejercicio y eso se reflejaba en su condición física y buena apariencia. Gozaba de cabal salud. Incluso me parecía que era un ejemplo de austeridad llevada al extremo; por ejemplo, en otra visita que le hice a Palacio de Gobierno, me llamó la atención que buena parte del camino que recorrimos para llegar a su oficina lo pasamos casi a oscuras. Intrigada por aquello le pregunté a su secretario particular si aquello se debía a una falla. «No», me contestó, «se debe a que el presiente no quiere que se gaste luz. Ve innecesario que estén encendidas si no hay nadie en estos pasillos y salones».

Sí, definitivamente este «chinito» estaba hecho de otra cosa. ¿Actos de austeridad en un político? Pues sí, con Fujimori los descubrí.

Alberto Fujimori nunca intentó marcar diferencia alguna de niveles por el puesto que ocupaba. Nunca actuó, en ninguna de nuestras reuniones, como si mereciera un trato especial por ser presidente. Él era el «chinito» para la gente, sin mayores rimbombancias. Un «chinito» sin malicia, cualidad que pudo haberle sido de utilidad para detectar a tiempo lo que más delante se descubrió, si es que nunca estuvo al tanto de ello. Era simplemente un «chinito», con muchas ganas de hacer cosas por el Perú. ¿Que si cometió errores?, bueno, la justicia ya se encargó de hacerle pagar por eso los años que pasó en prisión. Pero tampoco quiero olvidar que también hizo cosas impresionantes, como su lucha contra Sendero Luminoso y los demás grupos terroristas, y por eso siempre le voy a estar agradecida.

* * *

No existe la felicidad completa ni el éxito en todas los aspectos de la vida. Mientras más satisfacciones me daba mi vida laboral, más frustración me provocaba mi vida en pareja. Mario, que desde hacía tiempo había decidido opacarse y quedarse atrás, me dio la pauta para tomar la decisión de separarnos por la felicidad de ambos y por el bien de nuestras hijas.

A Victoria eso le afectó mucho porque al haberse criado entre adultos fue una niña que maduró mucho y muy rápido. Victoria siempre tuvo un alto sentido de la responsabilidad y valores morales bien plantados, por lo que para ella las cosas siempre se medían en el extremo de lo blanco o lo negro, como buenas o malas. Hasta el momento de la separación, la figura que tenía de su madre era más como una abogada que se había desempeñado en diferentes ámbitos, siempre al servicio de la gente, y mi incursión en la televisión era tan nuevo para ella como para mí.

En el caso de Alejandra, seis años menor que Vicky, la separación aparentemente no le afectó tanto. Mi relación con ella era de mucha dependencia entre la dos. No olvidemos que ella era la que dormía en mi cuarto en lugar de mi marido. Definitivamente cometí un error, pero así fue.

Era una niña nada sociable que quedó muy marcada por las experiencias de mi captura y arresto domiciliario. Perdió muchísimo peso y sufrió una fuerte depresión. Pero en aquellos años de su niñez junto a mí en la televisión, me di cuenta que ella también tenía esa capacidad de comunicar, adoraba participar en programas, a diferencia de Vicky, que detestaba todo ese mundo. El que la gente me reconociera en la calle o que yo la llevara a los estudios de grabación le era completamente natural. Con Ale era común, ama todo lo relacionado con la televisión y con este mundo, del que estoy segura ella formará parte en algún momento.

La fractura del poder

Cuando Fujimori fue electo presidente, Vladimiro Montesinos se integró a su equipo de trabajo como principal asesor político en materia de seguridad nacional, y luego lo convirtió en jefe del Servicio de Inteligencia Nacional del Perú. Sin que ninguno lo reconociera públicamente, eran la dupla en la que descansaba la forma de gobernar el país. Tal vez al principio mayormente cargada hacia la figura de Fujimori, pero con el paso de los años, y por la notoriedad de sus decisiones, ese poder cambió de lugar y se recargó más en la figura de Vladimiro.

Analistas internacionales se aventuraban a decir, sobre todo cuando la relación entre ellos estaba totalmente fracturada y los escándalos de corrupción ya eran del domino público, que la posición que Fujimori le dio a Montesinos, lo dotó del control absoluto del Estado. Su libertad para hacer y deshacer en materia de seguridad y de política interna era vista con buenos ojos desde la oficina presidencial. Se decía que como presidente de la República y con el apoyo de las Fuerzas Armadas, Fujimori le había permitido amasar una fortuna, fruto de actividades ilegales, que podía superar los 500 millones de dólares, según señalaban las investigaciones en curso.

Era innegable que la relación entre Alberto y Vladimiro fue benéfica en tanto que ambos entendían que la cara del mandato era Fujmori y que a Montesinos le correspondía actuar y decidir desde el anominato. Solo con ese compromiso, nunca hablado abiertamente pero conocido como un secreto a voces, fue posible que Montesinos construyera una enorme red de información para infiltrarse y luego destruir a los grupos terroristas que aquejaban a la sociedad peruana. Y más aún, que esa red fuera usada también para espiar a políticos, militares, empresarios y otras personalidades de la vida pública. Esto último, decían los analistas nacionales y extranjeros, ocurría, probablemente, sin el consentimiento de Fujimori, pero no sin su conocimiento.

Cuando Montesinos olvidó que su lugar estaba solo detrás de Fujimori y comenzó a atraer hacia él la atención y los reflectores, el compromiso entre ambos se rompió y comenzaron a vivir bajo una fuerte tensión. Nunca, en mis reuniones con ellos, se mencionaron el uno al otro. Y sin saber cómo explicarlo, las diferencias se sentían en lo privado y en lo que comunicaban a los medios. Incluso recuerdo que en una reunión que tuve con la entonces primera dama, Keiko Fujimori, la hija mayor de Alberto, pude darme cuenta de que las cosas no caminaban bien entre ellos. El poder es un placer que se disfruta solo, y tarde o temprano el hecho de compartirlo haría que explotara la relación entre los dos.

El 14 de septiembre se sucitó un hecho sin precedentes: en uno de sus programas, Canal N de televisión presentó un video de elaboración casera en formato VHS, donde aparecía el alcalde de El Callao, Alex Kouri, diciéndole a Montesinos que podía emitir ciertas leyes para evitar que un contrincante se pudiera postular a la alcaldía de Lima. Y no solo eso: también hablaba de poder cooptar otras alcaldías más con ese recurso. La cereza del pastel en ese video era verlo recibir dinero a cambio de ejecutar lo ofrecido.

El «vladivideo», como se le bautizó a éste y a todos los que le siguieron, compartían ciertas características: estaban grabados en las instalaciones del SIN, en ellos aparecía Vladimiro Montesinos en reuniones con políticos, jueces, empresarios y periodistas, y todos revelaban actos de corrupción, tráfico de información u obtención de favores a cambio de dinero.

La exhibición de este video fue apenas la punta de un gran escándalo de corrupción que llevó a la caída de Montesinos, más tarde a la renuncia de Fujimori e inmediatamente al desmoronamiento de un régimen que se reveló plagado de corrupción. En cierto momento se pensó que los «vladivideos» habían sido tomados ilegalmente cuando Alberto Fujimori ordenó catear la casa de la exesposa de Vladimiro Montesinos, pero lo cierto es que esta teoría no se sustentaba por una incongruencia de fechas.

Para revelar quién los entregó y por qué, existe un momento clave del que se habló en diferentes espacios públicos. Se decía que ocurrió en septiembre del 2000, durante una gira de trabajo por Rusia, donde Vladimiro llevaba entre su comitiva a Matilde y a Jacqueline. Los trascendidos afirmaban que en ese viaje, la relación entre Montesinos y Pinchi Pinchi se había fracturado por los celos de ésta. Cuando regresaron, Matilde reaccionó como una mujer dolida y despechada, y rápidamente cambió su postura de cómplice a delatora para cobrar venganza. Apenas ocho días después de concluido el viaje a Rusia se presentaba este escándalo que señalaba al hombre más poderoso del Perú y de tajo lo ponía como un criminal al que había que exigirle cuentas.

¿Cómo podía una colaboradora tan cercana convertirse en el verdugo que sentenció la caída de su mecenas y de paso la de todo un régimen? Solo el despecho que le provocó el truene con Montesinos, puede ayudarnos a entender porqué Matilde entregó esa copia del video a Fernando Olivera, dirigente del Frente Independiente Moralizador, quien no perdió la oportunidad de atestar un golpe certero al régimen filtrándola a un canal de televisión para luego emprender una cruzada que llevaría a capturar a todos los involucrados. Para logarlo, Matilde entregó decenas de grabaciones en formato casero que se habían elaborado en el Servicio de Inteligencia Nacional del Perú a cambio de obtener inmunidad.

Días después de que los «vladivideos» comenzaron a aparecer, y con la presión de la prensa nacional encima, el presidente Alberto Fujimori descendió de un helicóptero luego de varias horas sobrevolando las instalaciones militares en la búsqueda de Vladimiro Montesinos, quien no volvió a aparecer en público luego de la transmisión del video en el que se le veía entrevistándose con el alcalde de El Callao y dándole dinero. Para entonces ya era considerado un prófugo de la justicia y se había iniciado una operación de búsqueda y captura.

Lo que ocurrió entonces se describió perfecto en una nota que publicó el periódico español El País el 28 de octubre del 2000:

Tres días después del inicio del operativo, que provoca incredulidad y burla entre los peruanos, Montesinos sigue sin aparecer. Una foto del helicóptero presidencial en pleno vuelo, con Fujimori a bordo hablando por teléfono, ocupa la portada de un diario, con la siguiente frase «El payaso de América, en acción». Otro rotativo publica una gran foto de Montesinos en primera página con la leyenda «¡Se busca! Cualquier dato, comunicar al teléfono 4281285. Palacio de Gobierno». La centralita de la sede presidencial está al borde del colapso por la avalancha de llamadas anónimas del interior y el exterior del país que aseguran haber visto al fugitivo. Los chistes sobre el operativo de búsqueda de Montesinos «para conocer su ubicación» proliferan en los medios de comunicación.

Hasta la presidenta del Congreso, Martha Hildebrandt, fiel escudera de Fujimori, no resistió la tentación de calificar de cinematográfica la persecución que encabeza el presidente en persona. Las cancillerías aplauden —no pueden hacer otra cosa de momento—, la iniciativa del presidente peruano. «Si Montesinos es capturado, sin importar lo que le pase, Fujimori gana... Si escapa, Fujimori también gana. Creo que está en una posición ganadora», señala el embajador de Canadá, Peter Bohem, ante la Organización de Estados Americanos (OEA).

Las imágenes del miércoles, en las que un Fujimori con cazadora de cuero negro, agitado, enojado y con gesto autoritario, daba órdenes y contraórdenes a un aparato policiaco-militar, no se han vuelto a repetir. Pero los peruanos y los televidentes de todo el mundo recuerdan escenas como la del presidente cambiando hasta cuatro veces de vehículo, gritando «¡Salgan de aquí, carajo!», «¡Qué hacen acá parados!», «¡Ustedes vayan por allá!», «¡Ustedes por allá!».

El despliegue no ha servido de nada y el jueves Fujimori decidió continuar la búsqueda por aire, donde su protagonismo es menos ostensible, mientras sus hombres rastrearon la zona de Chaclacayo. Algunos vecinos de la cercana urbanización California no daban crédito a lo que sucedía. Los agentes han llegado a entrar en viviendas particulares en busca del ex jefe del Servicio de Inteligencia Nacional.

Para seguir más de cerca las operaciones, Fujimori pasó la noche en unas dependencias de montaña de la Fuerza Aérea, donde le acompañaban su hija Keiko; su madre, Matsue; edecanes e integrantes de la guardia de seguridad. Los periodistas trataron de seguir los pasos del presidente, que aparecía y desaparecía como en una película de policías y ladrones. En los numerosos desplazamientos entre el palacio y Chaclacayo, Fujimori se detuvo, incluso a altas horas de la madrugada, en casa de su madre.

La búsqueda fue infructuosa, Montesinos no aparecía por ningún lado. Un mes después del aparatoso operativo de búsqueda y tomando como pretexto la Cumbre APEC, Alberto Fujimori salió del país y lo siguiente fue enterarnos de su renuncia a la presidencia mediante un fax que decía:

Sr. Dr. Valentín Paniagua
Presidente del Congreso de la República
Presente

De mi mayor consideración:

En primer término, deseo expresar a usted mis felicitaciones por su reciente elección como presidente del Congreso de la República.

Soy el primero en reconocer que hay un nuevo escenario político en el país, una de cuyas expresiones recientes es una nueva correlación de fuerzas en el Parlamento. Consciente soy, asimismo, de posiciones e intereses en ese Poder del Estado, que podrían conducir a una confrontación de poderes, a pesar de mi iniciativa para acortar el mandato presidencial y convocar a elecciones en estricto cumplimiento de la promesa que hiciera en mi mensaje de septiembre, y de los acuerdos alcanzados por el Gobierno y la Oposición en la Mesa de Diálogo promovida por la OEA.

A lo largo de estos últimos diez años, y como consta al país entero, a pesar de errores, que reconozco, he actuado sin cálculo político, mucho menos preocupado por la popularidad, circunstancias que hubieran impedido la exitosa ejecución de un programa económico antiinflacionario, el proceso de pacificación interna y luego, alcanzar la paz definitiva con Ecuador y Chile entre otros logros fundamentales de mi Gobierno. Jamás pensé, en todas estas oportunidades, sino en los sagrados y permanentes intereses de la República, actué a pesar de la resistencia ofrecida por el negativismo, la demagogia, el chauvinismo inconsciente e intereses personales o de grupo. Nada de ello me detuvo.

En esa línea principista se inscribió mi decisión de acortar mi mandato de Gobierno y convocar a elecciones generales para abril del 2001, objetivos ya cumplidos. Aún, sin embargo, no se ha recuperado la estabilidad política necesaria para llevar a buen término este periodo de transición que culminará con la elección de un nuevo Gobierno. Abrigo la esperanza de que bajo la honorable presidencia suya, esta estabilidad pueda alcanzarse en breve.

He vuelto, entonces, a interrogarme sobre la conveniencia para el país de mi presencia y participación en este proceso de transición. Y he llegado a la conclusión de que debo renunciar, formalmente, a la Presidencia de la República, situación que contempla nuestra Constitución, para, de este modo, abrir paso a una etapa de definitiva distensión política que permita una transición ordenada y, algo no menos importante, preservar la solidez de nuestra economía.

Formulo, pues, ante usted, señor presidente del Congreso, mi renuncia formal a la Presidencia de la República, en concordancia con el artículo 113, inciso 3 de la Constitución Política del Perú.

Hago fervientes votos por el éxito de su gestión, porque eliminada la supuesta causa de desavenencias y desencuentros entre Gobierno y oposición, todos se avengan a buscar con serenidad y patriotismo la forma más adecuada de garantizar para el Perú, para su pueblo, un futuro de verdadera democracia, es decir, un sistema político que se traduzca en bienestar y desarrollo para la mayoría de los peruanos.

Muy atentamente.

Ing. Alberto Fujimori.

El fax se reprodujo en todos los periódicos y se le dio lectura en los programas de radio y televisión. Inmediatamente le llovieron las críticas de todos lados. Se le acusaba de haber huido para librarse de las explicaciones y los castigos que sus acciones pudieran merecer, de estar coludido con Montesinos e incluso de dejarlo escapar. Su respuesta a esos señalamientos vino con una carta larguísima que dirigió al pueblo peruano, de la que rescato un par de cosas importantes.

Sobre su huída:

El viaje a Brunei estuvo programado con más de 4 meses de anticipación. Tal como la reciente reunión de la APEC en China [...]. Mi escala en Japón estuvo prevista en el itinerario de vuelo desde un principio. No tenía preparada ninguna renuncia [...].

[...] existía el riesgo de un complot de Montesinos, complot que ahora se confirma después del descubrimiento de los documentos que prueban sus intentonas golpistas, en complicidad con los miembros civiles y militares de su red. Además estaba

seguro que él no dudaría en pactar con algunos candidatos a la presidencia para asegurar su futuro y confinarme en una fría cárcel hasta el final de mis días —en el mejor de los casos— Hoy, las evidencias hablan de los mutuos favores entre Toledo, García y Montesinos, aunque inútilmente intenten negarlo.

Sobre Montesinos:

Ya lo he dicho, soy responsable del nombramiento del ex asesor del Servicio de Inteligencia Nacional, y como tal, asumo ese grave error político. En algún momento pensé que todos los comentarios negativos hacia su persona, incluso los de gente de mi propio entorno, habían sido motivados por la campaña antimontesinos de diversos sectores; pero antes del mes de Septiembre del 2000, ya había decidido separarlo del cargo y alejarlo del Gobierno en forma definitiva. Los primeros indicios que me llevaron a decidir su separación, fueron aquellos referidos a la extorsión a empresarios procesados por narcotráfico.

Había que hacer una operación de cirujano, con pinzas. De sacar al ex asesor del SIN inmediatamente, su grupo podría alzarse en armas, poniendo en riesgo la democracia. Su salida tenía que ser parte de un proceso. Para empezar era necesario desmantelar la cúpula, cambiar a los Comandantes Generales de las Fuerzas Armadas.

Está claro, el objetivo de su complot era esconder sus millones mal habidos, lavarse las manos, hacerme desaparecer física o políticamente y vivir felices para siempre. ¿Tengo responsabilidad política? Sí, la tengo, reconozco mi error; pero no me enriquecí ilícitamente, y a pesar de todas las denuncias no tengo un solo dólar. Lamento que esto haya ocurrido a espaldas mías, pero Montesinos es Montesinos y sus delitos son sus delitos.

Me daba asco todo aquello. Me sentía estafada por haber creído en las caras que uno y otro me mostraron sobre su calidad humana. Cuando había salido aquel video del alcalde de El Callao, recuerdo que le pedí a mi chofer que me llevara al SIN: quería que Vladimiro me explicara qué era todo aquello y por qué me había mentido sobre sus ideales y principios. Sentía aquellas acusaciones como una traición a la amistad que teníamos.

Llegamos al búnker y todo fue inútil; no me permitieron el acceso y él tampoco atendía mis llamadas. Así que regresé al canal, y no pude dormir en toda la noche; dejé que por un instante la decepción y la frustración se apoderaran de mí para luego decirme: «¡No más, Laura. Al carajo con los políticos y sus mentiras. Al carajo con sus problemas!».

Pasé de la necesidad de recibir una explicación por parte de Montesinos a no querer volver a saber nada de él. Nuevamente le di la razón a mi madre: uno no debe relacionarse con gente de la política bajo ninguna circunstancia. Entonces, hice lo que me sale muy bien: concentrarme en mi trabajo, en mis hijas y en mi vida. Quiero puntualizar que nunca me preocupó o temí que aquello que estaba sucediendo pudiera afectarme directamente, más allá de la decepción que sentía por no haberme imaginado que Montesinos podía fraguar esas cosas que mostraban los videos, siempre sentí la tranquilidad de que yo no había hecho nada indebido que aparecería en un video de esa naturaleza.

Tiempo después, cuando parecía que Perú ya había salido del shock de los videos, Montesinos estaba fugado del país y la renuncia del presidente ya era cosa del pasado, e incluso ya se habían convocado a nuevas elecciones, yo me encontraba en Miami, en las oficinas de Telemundo, cuando vino a verme María Elvira Salazar, periodista y conductora de noticias, para contarme que en Panamá se realizaría un evento cuyo tema central era el maltrato a las mujeres y que además tenía información de que en ese mismo país se encontraba escondido Vladimiro Montesinos.

Me invito a que fuéramos juntas y cubriéramos los dos eventos. Su petición de fondo era que yo me encargara de arreglar, con la gente de Vladimiro, un encuentro para hacerle una entrevista. No me negué, porque sentía que por la forma en la que me había mentido y nunca dado la cara, Montesinos estaría en falta conmigo y que si yo se lo pedía podría conseguirle esa entrevista a María Elvira.

Nos fuimos en ese viaje de locos. De inmediato me puse en contacto con gente de confianza del exjefe del Servicio de Inteligencia Nacional, y a través de ellos se arregló un encuentro que jamás tuvo lugar porque a la mera hora él se negó a verme. En su lugar llegó un miembro de su equipo para decirme que Montesinos no se presentaría a la entrevista.

La noticia no le sentó bien a María Elvira y se resintió conmigo, pero en realidad me responsabilizó de algo con respecto a lo cual no pude hacer nada. Aunque después lo aclaramos y parecía que las cosas ya estaban bien entre las dos, ese fue el inicio de una serie de sucesos desagradables que terminaron en una extorsión.

Resultó que María Elvira por fin pudo entrevistar a Montesinos, pero fue hasta que éste ya se encontraba preso. La abogada era muy amiga de ella y fue por ese conducto que consiguió charlar con él.

Cierto día, después de que ella había realizado su entrevista, María Elvira me llamó para decirme que tenía un mensaje de Vladimiro Montesinos para mí. Ya antes, la mujer que se encargaba de mi casa de Miami me había informado de ciertas llamadas que había recibido de una mujer que se identificaba como «la abogada de Montesinos», pidiéndole que me pusiera en contacto con ella para hablar de un tema importante. Por supuesto que no me comuniqué ni le presté importancia porque entre Vladimiro y yo no existía ya tema alguno de conversación.

Sin embargo, en esta ocasión la petición de escuchar el mensaje que Montesinos me mandaba venía de una persona cercana, una amiga, y ante su insistencia con respecto a que se trataba de algo importante, que «era una emergencia que podía poner en riesgo mi libertad», yo me quedé entre asombrada e intrigada, por eso accedí a reunirme con ella de inmediato.

Cuando ella llamó yo me encontraba con Cristian Zuárez, mi novio de entonces, y él estaba igual de asombrado que yo por ese tipo de llamadas, tanto las de la casa de Miami como ahora con la de María Elvira.

Le pedí que me llevara con ella, pero tan pronto lo vio llegar conmigo, María Elvira no quiso hablar. Dijo que la conversación era conmigo y que él no podía estar presente. Entonces Cristian se retiró, yo me subí a su carro, y empezó a hablar: «Tienes que entregar cien mil dólares para su asesoría legal», dijo. «Bueno, ¡¿tú estás loca?!», le contesté, «¿por qué debo yo darle ese dinero si él a mí jamás me ha dado nada y solo me ha traído problemas y que yo ande en boca de todos? Yo no he hecho nada y el que nada debe, nada teme».

María Elvira insistió ya en un tono más serio: «Mira, Laura, yo te lo estoy advirtiendo y si tú no me haces caso vas a perder tu libertad y te van a acusar». Entonces sí exploté y le grité: «Yo no voy a aceptar, bajo ninguna circunstancia, porque esto es un chantaje que demostraría que yo recibí dinero o algo así, y que estoy pagando para que este señor me cubra».

Me bajé del carro y así terminó la última conversación que tuve con ella, hasta ahora. Volví a donde Cristian, que estaba verdaderamente intrigado y preocupado. Para él, un criminal ya preso estaba tratando de ponerse en contacto conmigo y estaba seguro de que eso no traería nada bueno para mí. Tal vez por eso no me informó que había colocado una grabadora en mi bolsa cuando se despidió de mí y me dejó con María Elvira.

Me enteré de esto en el momento en que la sacó de mi bolsa, cuando regresé de la conversación con María Elvira. Me parecía que Cristian había cometido un acto osado, pero lo que la periodista me había dicho tenía todos los tintes de una extorsión, así que ahora no podía más que agradecerle profundamente que su preocupación lo hubiera llevado a pensar en ese recurso, porque ahora tenía una prueba de aquello.

Escuchamos juntos la grabación y a Cristian casi le da un infarto. Le parecía que era un tema muy serio y que yo debía informarlo de inmediato a Telemundo, por eso me recomendó entregarle la grabación directamente a Jim McNamara, presidente de la televisora. Así lo hice, y en ese momento no solo estaba Jim, también estaban presentes los ejecutivos de la empresa. Mi única intención era que ellos tomaran las medidas que consideraran pertinentes. Así terminó para siempre cualquier vínculo que hubiera tenido con María Elvira Salazar.

Yo estoy segura de que ella no estaba metida en ningún plan para extorsionarme. Lo que quería era una entrevista exclusiva sobre el juicio y estaba obsesionada con la figura de Montesinos. Me inclino por pensar que hablar conmigo fue una condición que le pusieron para tener acceso a la entrevista, al proceso y al juicio. Estoy absolutamente convencida de que fue una víctima de esto. Creo que fue su desesperación por conseguir una historia que cualquier periodista en el mundo querría, lo que la llevó a desempeñar este lamentable papel.

Lo curioso, si alguien todavía cree que pueden existir casualidades cuando uno se mete con temas políticos, es que tres semanas después Matilde Pinchi Pinchi salió a acusarme públicamente de haber recibido de manos de Montesinos un collar carísimo, tres millones de dólares y favores.

Tanto me molestó lo que declaró Matilde que grabé un video en el que ofrecía un millón de dólares a quien mostrara una prueba de que yo hubiera recibido al menos un dólar de manos de Vladimiro o de alguien vinculado al gobierno. Nadie, nunca nadie, presentó nada en mi contra ni en ese momento ni durante el juicio que se llevaría a cabo tiempo después. Una a una derrumbé todas las mentiras que dijo sobre mí.

Finalmente, aún en medio de todo este contexto, existía un hecho inobjetable: que tanto Fujimori como Montesinos habían puesto fin a dos décadas de terror. Habían dado por concluida una guerra civil que le había costado más de 65 mil muertos al Perú, y muchos miles más de heridos, lisiados y otro tipo víctimas. Gracias a ellos ahora Perú se encontraba en un proceso de pacificación que durante años anhelamos todos. Si bien yo reconocía lo anterior, ello no implica que avalara, o avale hoy, los crímenes, excesos o delitos que pudieran haber cometido.

Cristian

El caso Zaraí

Una mañana, en el mes de marzo del año 2000, llegó a mi oficina de Solidaridad Familia el hermano de una mujer llamada Lucrecia Orozco. Traía un expediente que, de primera instancia, revisaron los abogados que trabajaban en la fundación. Entonces, Teresa Otiniano, una de las litigantes, se acercó para contarme que querían que interviniera en este caso porque se trataba de una niña que deseaban fuera reconocida por su padre. Así que leí el resumen que me presentaron y entonces me di cuenta de que el hombre al que le pedían se hiciera cargo de sus obligaciones paternales era Alejandro Toledo, candidato a la presidencia del Perú.

Cuando me metí de lleno a revisar el expediente descubrí que Lucrecia Orozco era una economista que en 1987 había concebido una bebé con su pareja de entonces, Alejandro Toledo, quien estaba casado con Eliane Karp. Zaraí, que así se llamaba la niña, careció desde el principio del reconocimiento legal de su padre y mucho menos contó con su presencia o con cualquier tipo de ayuda económica, pues éste se negó a hacerle frente a sus responsabilidades cuando en 1989, Lucrecia se acercó por primera vez a él para pedirle que reconociera a la hija que habían tenido juntos. De ese encuentro, la mujer no obtuvo más que insultos.

Por esta razón, en 1994, Orozco presentó una demanda contra Toledo para que éste le diera su apellido a la niña. En el proceso había declaraciones donde el hombre la tildaba de prostituta, y en el expediente que me entregaron encontré los elementos suficientes para intuir que se trataba de un juicio que a todas luces parecía estar desvirtuado por la ley del que más dinero ofrecía.

Habían pasado 13 años desde el nacimiento de Zaraí, 11 desde que Lucrecia pidió por primera vez a Toledo que reconociera a su hija y 6 desde que había llevado su demanda al plano legal sin obtener respuesta. Y nada de este asunto había permeado en la campaña presidencial del candidato. Sin embargo, era un secreto a voces del que todos murmuraban pero al que los medios nunca daban importancia porque nadie se atrevía a denunciarlo. «¡Es un desgraciado!», pensé.

Leí con detenimiento la demanda que presentó Lucrecia y las resoluciones que había llevado el juicio. «¡Mierda!», fue la única expresión que atiné a soltar luego de leer decenas y decenas de documentos que no dejaban lugar a dudas de que la demanda de esta mujer tenía todo el sustento legal para ser resuelta a su favor. Entonces me di cuenta que tenía dos opciones: lanzarme a hacer público el caso o actuar como todos y permanecer callada e indiferente.

Evalué ambas opciones y lo cierto es que primero resolví no involucrarme. Valoré el hecho de que yo tenía un programa exitoso, una vida «tranquila» y además un proceso de internacionalización. Mirando pros y contras, decidí que no era conveniente para mi carrera darle seguimiento a este caso. Sabía que de hacerlo me metería en muchos problemas que en ese momento no necesitaba.

Pero entonces empezó una lucha con ese «defecto» que tengo y que no me deja en paz: el llamado de la conciencia. Todo el tiempo pensaba en ese expediente y una voz interna no dejaba de taladrarme en la cabeza, como esas ideas que se te quedan fijas en la memoria: «Laura, ¿tú vas a permitir que sea presidente un hombre que niega a una hija?, Un hombre que no es capaz de enfrentar una responsabilidad personal no puede ser presidente. ¿Qué autoridad moral puede tener una persona así?» Así me bombardeaba la conciencia antes de intentar dormir por las noches.

«Mejor no te metas», o «Laura, haz algo al respecto». En esa época me debatía entre uno y otro extremo.

Lucrecia no me pedía mucho. Solamente quería que sacara su caso en televisión para que el padre accediera a hacerse una prueba de ADN que determinara si la niña era o no su hija. No pedía plata, solo quería que su hija tuviera el apellido de su padre. Así que no pude más y me decidí por ayudarla.

Le indiqué al chofer que trajera a Lucrecia Orozco. Hablé con ella para que me contara de viva voz su historia, y dijo que estaba dispuesta a salir frente a las cámaras. Pero me negué a que lo hiciera acompañada por Zaraí, porque me parecía que no era correcto que una menor de edad se expusiera así, y que el evento podía afectarle emocionalmente y luego verse envuelta en un revuelo mediático que no le ayudaría en nada.

Lucrecia aceptó aparecer en un programa y yo puse manos a la obra para prepararlo todo. Por primera vez administré la información de un caso a mi equipo; solo unos cuantos estaban al tanto del tema que se iba a tratar en la emisión, y eran mucho menos los que sabían que aparecería Lucrecia. También fue un asunto que no comenté con los dueños del canal, quienes me daban total libertad para decidir qué información iba a llevar en cada programa, de forma autónoma, sin embargo, sabía que sí lo hacía, pesarían más los intereses de la televisora y no me dejarían sacarlo al aire.

Así preparamos la producción, todos engañados, incluido mi productor Alberto Rojas, que solo sabía que ese día hablaríamos de «Padres que no reconocen a sus hijos». Empezamos el programa con otros dos o tres casos. El chofer había metido en la cajuela de mi carro a Lucrecia Orozco, y ahí la había internado en el canal. Entonces la disfrazamos y luego se encargó de esconderla en la parte trasera del set. Así que cuando concluyó el tercer caso yo me arranqué a cuadro, diciendo: «Bueno, pero acá hay un candidato a la presidencia que tiene una hija no reconocida y aquí tengo el expediente que lo prueba. Eso no puede ser; este tipo es un mentiroso». En ese momento empezó a sonar la canción *Mentiroso* de Olga Tañón, y a partir de ese programa se convirtió en un himno que lo identificaba.

Mostré a cámara la foto de Zaraí y no había lugar a dudas; era casi gemela de la hija que Alejandro Toledo concibió en su matrimonio con Eliane Karp. Tenía toda la cara de Toledo. Presenté a Lucrecia y dejé que contara su historia. Se armó el escándalo del siglo. Estaba en vivo y no había nada que pudieran hacer para callar el caso. Todavía no acababa el programa y detrás de cámaras, el set ya estaba lleno de gente, entre ellos el dueño del canal y otros ejecutivos.

Lucrecia habló de cómo lo conoció, de la relación que tuvieron y de cómo él la engañó diciéndole que estaba divorciado de su esposa. Le dijo que era un hombre solo, y así iniciaron una relación de pareja. No contó más detalles porque estábamos en horario familiar pero la sustancia ahí estaba. Lo que sí detalló fue el momento en que él la había insultado y humillado cuando le avisó que estaba embarazada.

El caso de Lucrecia no era la primera mentira que se le descubría a Toledo. Durante la campaña también había dicho que su madre estaba muerta y se comprobó que era falso. El tema era que él tenía el apoyo de un amplio sector que lo protegía: empresarios y dueños de medios de comunicación cerraban filas con él, así que hiciera lo que hiciera, todo quedaba oculto o se hacía pasar por una mentira.

El rating de aquel día se fue al cielo: ganamos más de 50 puntos esa tarde, y el país colapsó con la noticia. Apenas acababa de despedir el programa cuando me empezaron a llover las llamadas; incluso mis padres lo hicieron para decirme que estaba loca por haberme atrevido a presentar ese caso. José Francisco me pedía que lo acompañara a su oficina y los demás miembros de mi producción no perdían la cara de asombro por lo que había ocurrido en pantalla.

La charla con José Francisco tampoco tuvo tono amable; me reclamó que no le hubiera avisado de qué iba a tratar el programa. Estaba realmente molesto conmigo, como nunca antes lo había visto. Sin embargo, y pese a los regaños y reclamos de aquella tarde, yo me sentía tranquila y en paz conmigo. Me había mantenido fiel a mis convicciones: había colaborado con la exigencia legítima de una madre y esa noche pude dormir tranquila.

Al día siguiente y durante muchos más que le siguieron no dejé el tema. Sin importar cuál fuera el tema central del programa siempre dedicaba un segmento a hablar de Zaraí, la hija no reconocida de Alejandro Toledo y le ponía su canción. Lo que ocurrió con Lucrecia fue diferente: le empezaron a llover las amenazas de muerte y no escapé a la necesidad de ayuda que ahora tenía. La saqué de su casa y le di refugio en la mía. La escondí y luego le di protección, con mi equipo de seguridad, para mantenerla a salvo.

Chantal, la hija de Alejandro Toledo, quien durante mucho tiempo vivió engañada pensando que era única, se enteró de la existencia de su hermana a través de mi programa. Chantal era apenas unos años mayor que Zaraí. De igual forma, la esposa de Toledo se enteró por los comentarios a mi programa. Casi de inmediato las críticas y el acoso mediático contra ella se desataron. Ante esta situación, aparecía en los medios diciendo que Laura Bozzo le había inventado una hija a su «cholo sagrado» porque estaba pagada por Alberto Fujimori.

Ante la presión de los medios, Toledo no tuvo de otra que salir inmediatamente a emitir una declaración desafortunada y que además nadie creyó. Juraba por su vida que todo lo que yo dije era mentira. Y así se mantuvo por largo tiempo, en la negación de lo que era evidente: Zaraí tenía la misma cara de Alejandro y no había modo de negarla.

Definitivamente todo el escándalo que se armó en las semanas y meses siguientes cambió la percepción que el pueblo peruano tenía del candidato y esto provocó que bajara en las preferencias, así que perdió la elección del año 2000 y Alberto Fujimori se reeligió. Un año después, ante los escándalos de corrupción por los videos de Vladimiro Montesinos y la consecuente renuncia del presidente Fujimori, Toledo vio nuevamente la oportunidad de ser presidente, y lo logró.

Al final, el tiempo me dio la razón. Toledo agotó la última carta que tenía para evitar reconocer a su hija: que yo me retractara de lo dicho en televisión. Pero yo no me desdije de algo que era cierto y a él no le quedó más que aceptar su paternidad, y sin hacer la prueba de ADN, en el 2002. Sin embargo, todo fue una mentira, pura apariencia, ya que jamás la integró a su familia ni tuvo contacto con ella o promovió que su hermana la conociera.

Cuando yo estaba bajo arresto, Lucrecia y Zaraí vinieron a verme a escondidas, ya que una de las condiciones que puso Toledo para reconocerla fue que jamás volvieran a tener contacto conmigo. En esa visita me agradecieron lo que había hecho por ellas y lamentaban que eso me tuviera ahora pasando por el infierno en que vivía.

El amor toca a mi puerta

La edición sabatina de mi programa tenía un espacio en el que se presentaban grupos musicales. Aquel sábado, Alberto Rojas, mi productor, me informó que estaría un grupo de origen argentino llamado Complot. Era una agrupación de jóvenes que tocaban cumbia, una música muy popular. Recuerdo que protesté diciendo que no quería porque se trataba de un grupo de guapitos pedantes y le pedí que no me trajera a ese tipo de artistas insoportables.

Yo ya los conocía porque había estado en un evento donde se iban a presentar y llegaron tarde. Así que me pareció que eran unos irrespetuosos y encima creídos. Fui tajante con Alberto y le repetí que no los quería. Él me explicó que estaban teniendo éxito, que el público los amaba y no sé qué tantas cosas más. Así que al final accedí, pero le pedí que los pusiera al final del programa con la idea de que si se extendían los casos o ellos no llegaban a tiempo, no los presentáramos.

Al mismo tiempo me enteré de que Cristian, quien era integrante de este grupo, había visto mis programas y había dicho: «¿Quién es esta loca que grita, que chilla, que manotea? Ojalá que nunca me la encuentre. Si me encuentro con esta loca me muero. ¡Qué miedo!»

Estaba claro que ninguno de los dos queríamos conocernos, pero el destino tenía otros planes. Cuando Cristian Zuárez bajó por las escaleras para entrevistarse conmigo, ya con el programa al aire, lo vi y de inmediato sentí una cosa rarísima, algo así como una conexión.

En Perú, sobre todo los hombres, me tenían pavor. Pero supongo que olvidó lo que antes había dicho de morirse de miedo si me veía y se acercó para darme un abrazo, y entonces lo extraño que sentía se convirtió en electricidad cuando estuvo junto a mí. Fue como si lo conociera de antes, de otra vida.

Luego, recuerdo que planeábamos hacer una dinámica para recrear un baile de *Vaselina,* imitando a John Travolta y a Olivia Newton-John, y él inmediatamente advirtió que lo haría pero no con una bailarina sino conmigo. Me pareció atrevido que este «mocoso» dijera eso pero lo dejé pasar.

Cuando regresamos del corte, me retó públicamente a que bailara con él y no tuve forma de negarme. Exclamó algo así como: «¡¿Qué, no quieres?! ¡¿Tienes miedo o no sabes bailar?!» Creo que Alberto Rojas se arrepentía con todo su ser de haberlos llevado y de que este tipo me dijera esas cosas al aire porque ya no podía hacer nada. Pero bueno, yo le contesté en el mismo tono y acepté el reto: «¡Claro que sé bailar y te lo voy a demostrar!»

Bailamos la pieza y al final yo tenía el cigarro en la mano y le quemé varias partes de la camisa. Cristian se quedó en *shock*, tal vez reafirmando que en verdad yo estaba loca y que debía tenerme miedo. El programa terminó y al final yo estaba contenta: me encantó su atrevimiento, me gustó esa forma que tenía de tratarme sin miedo, como si yo fuera normal y no ese personaje que envalentonaba a las mujeres y daba pavor a los hombres.

Se había deshecho en halagos para mí durante todo el programa, y no puedo negarlo, me hizo sentir divinamente. En ese entonces ya estaba separada de Mario, no tenía pareja y además tenía una crisis de autoestima fatal que me hacía sentir vieja y fea. Pero ese día las miradas coquetas y las palabras que decía de mí en el programa me hicieron sentir muy bien. Era la época en la que ya habían aparecido los primeros «vladivideos», cuando se presumía que se había fugado fuera del país y mi contacto con Montesinos era nulo, de tal suerte que la presencia de Cristian en mi vida vino a ayudarme a centrar la atención en un tema completamente ajeno a la realidad que vivía entonces.

Al terminar el programa seguimos la conversación en el camerino con todo el grupo, Cristian me preguntó qué día era mi cumpleaños, yo le dije que el 19 y me interrumpió para completar: *No me digas que de agosto.* Yo dije sí y él exclamo: *¡Es el mismo día que el mío!*

Su galantería no paró con aquél programa, los días siguientes empecé a recibir flores de su parte, otros días ositos de peluche. En esa época yo viajaba mucho y él todo el tiempo tenía su atención puesta en mí, me llamaba en todo momento del día. Ese tipo de atención y halagos para una mujer que siente que se encuentra en una etapa en la que ya no hay más vida amorosa para ella, y si encima esas atenciones vienen de un hombre mucho más joven, en verdad te mueven y te hacen sentir muchas, pero muchas cosas que creías ya olvidadas.

Por otro lado, en su historia de vida había tanto dolor que de inmediato conecté con él. Había sufrido maltrato cuando pequeño, tuvo un padre alcohólico violento, venía de una familia muy humilde y con carencias. Y pronto me di cuenta que lo que yo en un momento me había planteado como un chiste, como una aventura o como una galantería pasajera que alimentaba mi autoestima, terminó por ser una larga y complicada relación.

Estaba idiotizada por un hombre más joven y guapo, esa era la realidad. Cristian había vuelto a Argentina con su grupo y yo estaba en Perú entregada a todo lo que me demandaba el trabajo, mis hijas, los viajes, etc. Pero estar en contacto con él todos los días hacía que me llenara de una alegría e ilusión que hacía tiempo no sentía. Hablábamos y nos escribíamos todo el tiempo, hasta que me dijo que me extrañaba mucho. «Bueno, pues sí me extrañas tanto, vente para acá», le respondí. Volvió a Perú para participar en una gira con el grupo Complot y yo le aclaré que no me refería a que nos viéramos cada que le tocara gira por acá.

La charla se puso seria entre los dos y me confesó que le gustaba estar conmigo, que me extrañaba mucho y entonces yo lo puse contra la pared cuando le dije: «Entonces escoge entre tu grupo y yo. O te dedicas de lleno a viajar con ellos o te quedas conmigo y vemos hasta dónde nos lleva esto».

Ahora, esta es una de las cosas de las que me arrepiento. Yo no tenía derecho a cortarle sus aspiraciones artísticas así. En aquel momento el grupo tenía contratos pendientes, presentaciones pactadas y tal vez eso no les iba a asegurar más éxito pero no debí haber evitado que él lo descubriera por sí solo. Pero así soy yo: absorbente, demandante y sin ganas de compartir lo que me hace feliz.

En los días siguientes Cristian resolvió los temas que le permitieron separarse de su grupo. No fue nada fácil, los dejaba en un momento clave para el grupo y sus compañeros no lo vieron con buenos ojos. Se vino a vivir a Perú y comenzó a trabajar directamente conmigo, llevando mis temas de trabajo. Empezó a encargarse de la música del programa. Más adelante sería él el compositor del tema con el que más se identificaba la emisión: *¡Que pase el desgraciado!* y claro, Telemundo le pagó desde el principio por ello como creador, por lo que además recibía regalías por sus composiciones.

Reconstruir este pasaje de mi vida es también la oportunidad de poner las cosas en su justa dimensión y ver desde una perspectiva diferente lo que en su momento no me importó porque estaba completamente enamorada, o que no quise entender porque lo que estaba viviendo me hacía feliz y no quería perder eso.

Cuando Mario y yo decidimos separarnos e informales a nuestras hijas y familiares acerca de esta decisión, en realidad solo estábamos haciendo pública una situación que llevaba sucediendo varios años: él y yo ya no teníamos vida marital ni nada en común. Solo éramos compañeros de casa y padres de Victoria y Alejandra.

Después de que hicimos pública la separación, Mario se fue a vivir a casa de mi madre. Ella lo quería muchísimo y estaba en contra del divorcio, además de que, gracias a los medios, se había enterado de que yo andaba iniciando otra relación con un hombre mucho menor y que, según ella, no estaba a mi altura. Por supuesto que mi papá nunca estuvo de acuerdo con su postura porque él siempre se mostró respetuoso ante las decisiones de sus hijos.

Durante mucho tiempo no pude ir a casa de mis padres: primero porque, como he dicho, ella no estaba de acuerdo con mi nueva relación y después, porque habría sido muy incómodo encontrarme con Mario. Y fue así como cerré ese capítulo en mi vida. Quedé muy decepcionada de él en el sentido de que pudo haber hecho muchísimas cosas y no las hizo por razones que nunca me quiso explicar. De alguna manera, la separación lo hizo cometer muchos errores; sin embargo, hoy por hoy tengo una muy buena relación con el padre de mis hijas. Hace mucho tiempo que él rehízo su vida, tiene otra pareja y nunca hemos perdido contacto.

Pero esa no fue la única vez en que no se miró con buenos ojos mi relación con Cristian Zuárez. Veinticuatro años nos separaban; yo era una señora hecha y derecha y él, un jovencito de origen humilde que, además comenzó tarde a conocer el mundo, y eso gracias a las giras de Complot.

No estaba acostumbrada a hacer pública mi vida personal, así que nadie en la producción sabía —ni tenía por qué– que llevaba algunas semanas saliendo con Cristian. Recuerdo un día, cuando estaba conmigo en el camerino, sentado en un sillón que quedaba oculto cuando abrían la puerta. Estábamos conversando cuando tocaron e inmediatamente se abrió la puerta y apareció Ximena, la gerente de América Televisión y amiga mía, y me dijo: *¡Dime por favor que no es cierto que andas con ese chichero!*

«Chichero» es un término peruano que se usa para referirse, en tono despectivo o clasista, a quienes tocan una mezcla de cumbia con salsa, una música muy, muy popular entre la gente de clase modesta del Perú y otros países de Sudamérica.

No dije nada, pero le lancé tremendos ojos, como queriendo expresar: «¡Cállate, que está detrás de ti!» Ximena entendió al instante mi mirada, volteó y se encontró con Cristian, ya de pie y con la mano extendida, que le dijo: *Hola. Soy Cristian Zuárez el chichero. Un placer.*

No solo mi madre y gran parte de mi familia estaban en contra de la relación. Además, toda la prensa se burlaba de mí. Ocurre con mucha frecuencia y está perfectamente normalizado que un hombre mayor salga con una mujer menor. Entonces todo el mundo le aplaude. Incluso es común escuchar que se le alabe como macho o se le señale como un gran partido. Pero cuando una mujer mayor sale con un jovencito el hecho es repudiado inmediatamente. ¡Ahora imagínense lo que era eso hace 17 años! Por lo menos en las sociedades latinoamericanas, incluida la peruana, era un crimen. Solo podía escuchar por todos lados que andaba con un interesado, que quería mi plata, que yo ya estaba vieja y me veía ridícula a su lado, que le estaba pagando por amor y una retahíla de frases desagradables y ofensivas para mí, pero también para él.

La prensa llevó a cabo una campaña brutal contra nosotros y los paparazzi se dieron vuelo siguiéndonos a todos lados. Incluso en una ocasión tuvimos un accidente automovilístico por evadir a los que nos seguían en Lima y terminamos en la comisaría. Este tipo de cobertura, con la mezquina exposición que se hizo de nuestra vida privada provocó un gran error que manchó el inicio de la relación con Cristian.

Mis hijas se enteraron de su existencia a través de una nota en la televisión, y desde ese instante hasta hoy, me arrepiento de no haber hablado claro con ellas desde el principio. De no acercarme a ellas para contarles lo que pasaba con este hombre en mi vida. Quizá no lo hice porque ni yo estaba segura de que mi relación con él fuera a trascender, y no le di la importancia necesaria. Y es que mi incredulidad era genuina: yo pensaba que me estaba divirtiendo con Cristian pero jamás imaginé que podía ser una relación a largo plazo.

Comencé a mentirles; les oculté que estaba viendo a alguien hasta que un día Victoria vio una nota donde enviaron al reportero a cubrir un partido de futbol. Cristian estaba jugando, y yo junto con mi equipo de producción, encabezábamos la porra. En una de las tomas se ve cuando él se acerca a abrazarme y me da un beso. La nota pasó al aire en el programa *Magaly TV*. Para mi hija fue un trauma porque no tenía la menor idea de que yo tenía algún tipo de relación ni con Cristian ni con nadie, después de su padre. Entonces comenzaron las burlas en su entorno, de parte de sus amigos y compañeros de la universidad en la que estudiaba en ese momento. Esto determinó que Victoria experimentara un rechazo hacia Cristian que ha persistido durante todos estos años. Nunca ha dejado de sentir que era una persona que no me convenía. Lamento muchísimo el daño que esto le causó cuando apenas era una joven de 18 años.

A Alejandra, que en ese momento tenía 12 años, en alguna oportunidad se lo quise pasar por teléfono. Recuerdo que le dije, emocionada «¡Te voy a presentar a Cristian que es un amigo argentino!», ella tomó la bocina y le gritó: «¡Puto de mierda!», y se fue corriendo. Estoy segura que ya algo sospechaba.

Mi forma de plantear el tema fue desastrosa. Estaba obnubilada y eso tampoco me ayudó a pensar mejor. Había sacrificado muchos años de mi vida porque la relación con el papá de mis hijas estaba terminada, pero yo no quise separarme de él porque las puse por delante; estaban pequeñas y quise darles un hogar estable. Durante mucho tiempo no tuve otro tipo de vida, era solo mamá.

Ese fue otro error. Estoy convencida de que los padres debemos ser honestos con los hijos; atrevernos a hablar con ellos cuando nuestra relación llega a su fin, tratando de que entiendan que sus padres siempre serán sus padres y estarán ahí, velando por ellos. No lo hice así en su momento, y ahora que estaba en una nueva relación por supuesto que me dejé ir con una serie de emociones que no me dejaron pensar correctamente de qué forma no lastimar a mis hijas.

El rechazo a Cristian, y a mi relación, que más me dolía fue el que vino de mis hijas; en un principio por parte de las dos, aunque hoy en día solo persiste el de Victoria. Traté de enmendar el mal comienzo y unos días después de que Vicky vio aquella nota organicé un almuerzo con ella, uno de sus mejores amigos, Cristian y yo. Escogí un buen restaurante que a ella le gustaba y tenía la idea de que en un ambiente neutral, frente a una rica comida podía fluir una plática amable para que se conocieran.

No resultó como lo imaginé. Todo fue fatal. Victoria se mostró hostil. No le gustó la ropa que Cristian usaba, que llevara el pelo largo, su forma de hablar ni su charla. Pronto se paró de la mesa y se fue. Mi hija seguía en un *shock*.

Así, entre malas caras, berrinches y rechazos, transcurrió la relación de mis hijas con Cristian y nuestro primer año de noviazgo. Al mismo tiempo, Telemundo me pidió que me fuera a vivir a Miami.

En verdad quería que las cosas mejoraran; por primera vez viviríamos juntos y para evitar problemas hice cosas increíbles (no en el sentido de extraordinarias, sino de no creerse): contraté a Fabián, un amigo de Cristian y exintegrante de Complot, y a su pareja para que fueran mi chofer y asistente personal, respectivamente. Yo tenía la idea de que si había más gente en la casa se suavizaría el hecho de que Cristian se fuera a vivir con nosotras. En serio que no daba una.

Y no conforme con lo anterior, mandé a Cristian y a Fabián a dormir a un cuarto en la cochera y dejé que Alejandra siguiera durmiendo conmigo en la recámara. Ahora lo cuento y no me explico cómo fue que se me ocurrió aquello. Lo mejor habría sido darles a mis hijas un tiempo para que digirieran la nueva situación de pareja de su mamá, darles a cada uno el lugar que debían ocupar y no resolverlo de la forma en la que lo hice.

Así fue nuestro primer año como pareja. La forma en la que vivíamos en casa no contribuyó en nada a que se resolvieran los problemas con mis hijas ni a que se fortaleciera mi relación. Vivía eternamente entre la espada y la pared; por un lado, mis hijas y por el otro, mi pareja. Él trataba de entenderme porque también tenía una hija, Macarena, con la que no vivía, y podía comprender el dilema en el que me encontraba. Pero por su inmadurez tampoco tomaba mejores decisiones que yo y la situación era tensa todo el tiempo.

Recuerdo que hacía grandes esfuerzos por ganarse a mis hijas, sobre todo a Alejandra, porque Vicky de plano levantó un muro impenetrable. Ella era muy unida a su papá y no pudo digerir verme, de pronto, con un hombre diametralmente opuesto a él. Pensaba que definitivamente Cristian no era la persona adecuada para mí y se negó a tener algo que ver con él. Como Alejandra era más chica, a Cristian le fue un poco más fácil entablar una relación con ella. Algunas veces se caían bien y otras se odiaban, pero él no quitaba el dedo del renglón y se ponía a jugar a su nivel, buscando por ahí la forma de ganársela.

Como si los problemas en casa no fueran suficientes, también teníamos que seguir lidiando con la prensa que no dejaba de entrometerse en nuestra relación de pareja. Esa situación también afectó mucho a mis hijas. Se habían convertido en una constante las burlas sobre nuestro romance, y nos acosaban por todo lo que hacíamos. Hubo una campaña para demoler mi imagen solo por tener una relación con un hombre menor. Y la cosa no paró jamás, ni siquiera cuando tuvimos problemas más serios dejaron de fijarse en la diferencia de edad. Fue muy difícil, no el hecho de acostumbrarnos al acoso mediático (porque creo que jamás lo logramos) sino a que los comentarios y las burlas no nos pesaran.

Estaba claro que mis malas decisiones afectaron a todos. Después traté de enmendar mis errores dedicándoles tiempo exclusivo a mis hijas, y sobre todo a Victoria, con quien organizaba cosas solo para las dos, viajábamos juntas y compartíamos tiempo a solas. Con ella jamás pudo existir convivencia de familia si involucraba a Cristian, pero al final tuve que aceptar que así eran las cosas y mejor me empeñé en construir una buena relación de madre e hija con cada una de ellas. Y hasta la fecha puedo decir que tengo una excelente relación con ambas, de mucha confianza y amor entre nosotras. En mi vida, ellas están por encima de todo.

Mis hijas tienen mucho de mí, pero son complemente diferentes entre ellas. Victoria ha hecho su vida alejada por completo del medio del espectáculo. Se dedica a la moda, habla cinco idiomas y ha estudiado varias carreras. Muchas veces se siente responsable por mí y por su hermana y actúa como mamá. No sé si es por el nombre o por su carácter, pero siempre le he tenido mucho respeto. Alejandra, en cambio, tiene un talento nato para comunicar, una gran sensibilidad para conectar con la gente. No tiene ningún tipo de prejuicios, fue portada de la revista *Playboy*, le encanta su cuerpo y lo muestra en redes sociales, y sin embargo, prácticamente no tiene vida social. No sale de fiesta, no tiene vicios y lleva una vida muy sana.

A pesar de haber crecido solas en una etapa crítica de su desarrollo, durante mi arresto, ninguna de mis dos hijas me ha dado un problema o un dolor de cabeza por un mal comportamiento o escándalo público. Hablar de ellas daría material para un capítulo extenso porque hay mucho que me gustaría que la gente supiera acerca de su calidad como seres humanos, pero eso sería exponer su intimidad y no me parece correcto.

Me conformo con compartir que pese al sufrimiento que les causó todo el tema del arresto y de las heridas que a cada una le dejó ese infierno, supieron salir adelante y crecer como dos chicas sanas de las que estoy muy orgullosa y ellas lo saben. Como también saben que lamento profundamente haber sido el motivo de una etapa de sufrimiento en la que no pudimos estar juntas. Lamento que por mi culpa ellas no tuvieran una vida más normal. Y ellas también saben esto.

Si bien tuve muchos problemas en el ámbito familiar mientras estuve en Miami y mi relación con Cristian era motivo de burla para la prensa, también puedo decir que como pareja fue una etapa en la que compartíamos muchas cosas.

El amor en el encierro

Cristian había tenido la infancia idónea para condenarlo al fracaso y a un futuro lleno de carencias. Una vida dura a la que él se sobrepuso trabajando desde los ocho años, vendiendo empanadas, madurando a fuerza de vivir terribles experiencias. Sobrevivió a una realidad adversa que lejos de derrotarlo lo orilló a madurar. En la calle ganó experiencia y mucha sabiduría, de esa que solo obtienes cuando te enfrentas a terribles momentos. Su padre era alcohólico y en más de una ocasión lo golpeó e incluso llegó a acuchillarlo. Muchas noches tenía que huir con su madre y sus hermanos y dormir donde pudieran para evitar la violencia y los maltratos de su padre.

Cristian había tenido una vida opuesta a la mía. Era la representación de los temas que yo abordaba en el programa y el ejemplo de un alma que se reveló a su destino y se construyó uno mejor. Verlo así me hacía amar sus orígenes y amarlo a él. Me sentía tocada e identificada con su historia. La gente entre la que él nació era la misma que toda mi vida me había dado grandes lecciones de vida, de amor, de admiración y de cariño. Cómo no admirarlo.

Mi padre decía que la edad no era una cuestión biológica, la edad era producto de lo vivido y de las experiencias y estaba en el alma. Y yo siempre fui una niña y él siempre fue un viejo. A su lado jamás me sentí mayor que él; al contrario, a veces me aburría su seriedad y que actuara como si ya fuera un aciano. Cristian no era como el resto de los jóvenes de su edad. Había tenido una hija a los 19 años, venía de una infancia aterradora… ¡La vida lo hizo madurar a verdaderos golpes!

Fue una persona esencial para mí cuando me arrestaron. Por protegerlas, mantuve a mis hijas lejos y fuera de todo aquello, y saber que Cristian estaba junto a mí fue un soporte para mantenerme con fuerza. No exagero al decir que pude transitar por ese amargo pasaje de mi vida en buena parte porque él se dedicó a hacer de ese infierno un periodo menos amargo, y de mi prisión, un sitio acogedor.

Hay dos razones por las que pude resistir el arresto, desde luego una fueron mis hijas, que aún estaban chicas, y siempre han sido lo que más amo en la vida. Yo tenía la responsabilidad de sacarlas adelante y no me podía dar el lujo de dejar de luchar y quebrarme. Pero en el día a día y en la convivencia minuto a minuto, yo me sentía un león enjaulado ahí dentro, así que definitivamente el segundo pilar fueron mi papá, mis hermanos y Cristian. Mi papá venía todos los días a verme, enfermo o sano, no faltó ni uno solo.

Detrás de los intentos de Telemundo por hacer de aquellos días un trago menos amargo y de aquel lugar un sitio habitable, siempre estaba Ximena, que con la colaboración de Cristian y de todo mi equipo de producción eran como mi familia. Se ideaban fiestas y reuniones con gente que me haría feliz para que no me aislara del mundo. Venía gente como Ricardo Montaner a cantarme en mis cumpleaños, María Celeste Arraraz, Ana María Polo, y diferentes actores y actrices de Telemundo que me mostraban su solidaridad y apoyo, y a los que nunca tendré cómo agradecerles su compañía en esos momentos; siempre serán parte de mi vida y los tengo en mi corazón.

Este es el momento para hacer un reconocimiento especial a Jim McNamara y Don Browne, expresidentes de la cadena Telemundo que siempre estuvieron pendientes de mí. Incluso éste último viajó varias veces a Lima para verme y darme su apoyo. Si tengo que ser sincera no sé qué hubiera hecho sin ellos. Sin el soporte y cariño de la gente de Telemundo no hubiera podido transitar por aquello. El apoyo que me dieron es invaluable.

Cristian tomó como una misión el mantenerme entretenida. Creó a mi alrededor un ambiente sano en el que involucraba a la producción en actividades recreativas como partidos de tenis o de voleibol.

Sin embargo, Miguel Ferró, mi productor, se las ingeniaba para enviarlo a Miami a dejar los programas grabados o a grabar un disco, y los compañeros de la producción aprovechaban para armar fiestas a las que venían amigos. Aunque en esas fiestas no pasaba nada del otro mundo, fueron motivo de pelea entre los dos porque no le gustaba nada que participara de ellas.

Durante los primeros meses me dio por comer obsesivamente y luego por no comer, también de forma obsesiva, y por ejercitarme. Así que él me armó un gimnasio y eso fue la mejor medicina para curar la depresión. No hay nada como el ejercicio físico para sacar todo lo malo que uno traiga adentro. Hacía bicicleta conmigo, me buscó a una entrenadora que me disciplinó y entonces mi vida cambió y me ayudó a enfocarme a través del ejercicio.

Mi único contacto con el mundo era a través del teléfono; me la pasaba hablando todo el día con mis hijas, desde que amanecía hasta que se acostaban porque era mi forma de seguir presente en sus vidas y ellas en la mía. Rezábamos juntas en la noches.

Un día Cristian llegó a Monitor con un perro, pero no uno cualquiera, sino un cachorro de gran danés. Lo llamamos Blaky y de inmediato me encariñé con aquel animal gigantesco. Para donde yo me movía el perro me seguía. Desde un principio supo que yo era su ama y entonces no se apartaba de mí. Si me sentaba a hablar por teléfono, ahí estaba Blaky echado. Y pobre del que se me acercara: se convirtió en mi guardián y en el terror de todo mundo porque su tamaño imponía.

Empezó a crecer y con él los problemas, porque andaba por todos lados y causaba revuelo cuando nos tocaba grabación. Ya cuando creció demasiado Ximena me dijo que lo tenían que llevar a un lugar que fuera más adecuado para él porque ya no cabía. Me dolió desprenderme de Blaky pero entendí que era lo mejor para él.

Sin duda no todo fue miel sobre hojuelas y nuestros desencuentros y grandes peleas, en la etapa del arresto, se presentaban por diferentes cosas. Por ejemplo, había algo que Cristian no toleraba de mí: que fumara, y en ese entonces eran hasta dos cajetillas diarias, o que bebiera siquiera una copa de vino, aunque eso para mí nunca ha sido una adicción. El simple hecho de tener contacto con algo que pudiera convertirse en un vicio le disparaba inmediatamente recuerdos de su terrible infancia al lado de su padre y no tardaba en presentarse una pelea entre los dos.

Ambos teníamos, y hasta ahora tenemos, un carácter fuerte, y eso hacía que difícilmente alguno cediera ante las posiciones del otro. De ahí que nuestras discusiones fueran siempre muy intensas, nunca violentas, pero sí con reclamos muy fuertes.

No abonaba nada a una buena relación el hecho de que públicamente o a sus espaldas todo el tiempo le dijeran que era un mantenido, un vividor, y eso le pegaba en el orgullo. Por eso, todo el tiempo trataba de hacer cosas para marcar una separación profesional con respecto a mí y demostrar que podía ser exitoso por sí mismo.

No me queda la menor duda de que Cristian sentía por mí una admiración absoluta, e incluso de que haría lo que fuera por mí, pero el hecho de sentirse opacado a mi lado era también un gran aliciente para cosechar sus propios éxitos profesionales. Lo curioso es que siempre que lo ha hecho, nuestra relación se ha visto afectada.

Estábamos juntos pero no teníamos intimidad. Vivíamos rodeados de ochenta personas más y todo el tiempo había alguien que podía incluso escuchar nuestras pláticas más privadas. Las personas que trabajaban en Monitor eran testigos de los buenos momentos que pasábamos pero también de las peleas de pareja.

Padecía no solo el enterarme de lo que se decía de mí y de nuestra relación a través de los medios de comunicación, sino también escucharlo de boca de todos los que nos que rodeaban, a veces con malas intenciones. Lo cierto es que pese a esa atmósfera Cristian estuvo a mi lado, acompañándome. Compartió conmigo las pruebas que me puso aquel infierno al que se le sumaba una época de mucha austeridad. Resultaba irónico el hecho de que por mucho tiempo dormimos en un colchón en el piso, en una recámara improvisada dentro del *walk in closet* donde los Cavalli de mi vestuario tenían que conservarse colgados de dos caños improvisados.

Sí, había mucho lujo en la ropa con la que salía a cuadro, pero en general nuestro modo de vida era muy precario y desolador. Durante meses llevamos ese estilo de vida porque todos los días me aferraba a pensar que al día siguiente mi situación se resolvería y no le veía el caso a comprar nada para hacerme la vida cómoda, ya que pronto podría regresar a mi casa, a dormir en mi cama y a estar junto a mis hijas.

Al cabo de ocho meses de mi arresto, Cristian tomó la iniciativa de hablar con la gente de Telemundo para empezar a hacer arreglos que nos permitieran vivir un poco más cómodos. Jamás llegaron los cambios a la recámara del *walk in closet;* eso y los días marcados en la pared me recordaban que aquel no era mi sitio y que debía luchar por recuperar mi libertad.

Un momento de fuerte tensión en la relación ocurrió durante el segundo año de mi arresto, particularmente durante los ocho meses en los que las instalaciones de Monitor entraron en un proceso de remodelación y tuvimos que parar las grabaciones durante todo ese tiempo. Hasta antes de eso, yo me había involucrado ya en todos los procesos de la emisión: producción, edición, postproducción. Veía absolutamente todo. Recuerdo que pasaba algunas noches metida en el cuarto de edición supervisando cómo lo hacían. *Laura para Telemundo* se había convertido en mi todo: mi trabajo, mi terapia y mi mayor entretenimiento.

Sin programa, con todo el tiempo del mundo para ver lo que se seguía diciendo de mí en la prensa, en medio de un proceso legal que se veía interminable y harta de meses y meses de encierro, mi cabeza comenzó a jugar en mi contra porque no tenía en qué ocupar mi energía y la obsesión se adueñó de mí. A todo esto se añadió que me enteré de que Alejandra no la estaba pasando bien lejos de mí.

A mis hijas las tenía lejos y protegidas, así que me desquité con quien tenía más a la mano, Cristian, haciéndole escenas y escándalos. Y tampoco él ayudaba para que eso no ocurriera; cada vez se hacían más fuertes los rumores de sus infidelidades. Si debo ponerle una fecha al momento en el que se fracturó mi relación con Cristian, fue cuando él comenzó a dedicarse a la producción de eventos y las habladurías rondaron nuestra relación.

El acontecimiento que marcó el quiebre de la confianza entre Cristian y yo fue cuando trajo a Perú a un grupo para hacer una gira de presentaciones. Como productor de los eventos en los que participaban, Cristian viajaba con ellos, los acompañaba a las entrevistas y a sus actuaciones. En una ocasión salió publicada en la prensa una fotografía en donde él aparecía junto a una bailarina de ese grupo y la gente se me acercaba para decirme que él pasaba demasiado tiempo con ella y que además tenía actitudes más que cordiales para con ella.

Presté oídos a esos rumores cuando la información provino de una persona muy cercana a Cristian y que él tenía en buena estima. Sin embargo, el único que podía aclarar lo que se decía era él, mi entonces pareja, y por eso lo enfrenté. Lo negó rotundamente. En su defensa argumentó que la sociedad con esa persona no había resultado favorable, y que el dinero que había perdido por un par de conciertos no realizados ahora quería obtenerlo al inventar un presunto romance entre ellos, porque sabía que, dados mis celos, yo pagaría para obtener pruebas de una infidelidad.

Durante muchos días me juró que no tenía nada de qué preocuparme y que todo se trataba de una mentira. Le reclamaba su infidelidad y aunque él lo negaba, yo ya tenía armada toda una historia que era difícil quitarme de la mente. Creo que fue la etapa en la que más inseguridades tuve. Tenía un carácter irritable que estallaba a la menor provocación. En esos meses los empleados de seguridad de Monitor nos escuchaban por la noches y de inmediato llamaban a Ximena, quien hacía acto de presencia con su marido y nos dividían para charlar y tratar de calmarnos.

Para mí, lo que ocurrió con la bailarina se convirtió en una mancha y un precedente para no volver a confiar totalmente. Recuerdo que le pedía a mis hermanos que me presentaran gente. Estaba dolida y quería demostrarle que el encierro no me impedía relacionarme con otros. Por supuesto que sí me presentaron amigos, pero la verdad es que yo no tenía intención alguna de complicarme más la vida con ningún tipo de relación. Era el ego lo que motivaba mi conducta en ese momento.

No puedo afirmar que me haya engañado en la época del encierro pero sí reconozco que siempre estuvo ahí conmigo y que no faltó en ninguno de los momentos cuando más lo necesité en esa etapa. Cristian se convirtió en mi defensor más visible y aprovechó su fama y que la gente lo identificara como mi pareja para organizar una misa para mí, liderar una marcha con las mujeres de los comedores populares pidiendo mi liberación o defendiéndome en cuanto espacio podía, porque le parecía que lo que me habían hecho era una aberración y una injusticia.

Por su apoyo y por permanecer a mi lado siempre estaré profundamente agradecida con él porque no cualquiera se come lo que él se comió. Y fue una cosa de terror lo que vivimos ahí dentro esos tres años.

Si durante ese tiempo él me fue infiel y traicionó mi confianza, no soy yo quien se lo deba cobrar porque para eso están su conciencia y el karma. Lo que sé es que pasamos esa prueba y nuestra relación duró algunos años más después de arder en el infierno del encierro.

El juicio

El 19 de noviembre de 2004, un portal de espectáculos en Perú
reportó:

> La popular conductora de televisión Laura Bozzo, acusada de
> haber recibido dinero del ex jefe de inteligencia Vladimiro Mon-
> tesinos, empezó a ser juzgada el viernes en medio de incidentes
> protagonizados por mujeres humildes que acudieron a apoyarla
> y que fueron dispersadas con gases lacrimógenos por la policía.
>
> Bozzo, de 53 años, con semblante risueño, compareció ante
> los jueces después de dos años de investigaciones y de haber
> permanecido recluida con arresto domiciliario en un estudio de
> televisión.
>
> La conductora peruana, quien lucía perfectamente peinada
> y maquillada, y vestía una ajustada blusa estampada, afronta
> una pena de siete años de cárcel por delitos de complicidad en
> peculado y asociación ilícita.
>
> Se la acusa de haber recibido joyas y tres millones de dóla-
> res de Montesinos para apoyar la segunda reelección del presi-
> dente Alberto Fujimori (1990-2000), a través del programa que
> tenía en Canal 4 de Perú.
>
> Unas 300 madres de familia humildes, algunas con sus niños
> en brazos, llegaron hasta las instalaciones de la Base Naval de

El Callao, donde se realiza el juicio, para expresar su respaldo a Bozzo, a quien llaman la «abogada de los pobres».

Sin embargo, el desorden que realizaron obligó a la policía a lanzar gases lacrimógenos para impedir que obstruyeran la vía pública y que se acercaran a la base, según reportes radiales y televisivos.

Bozzo, abogada de profesión, quien se hizo popular con programas en los que exponía las vidas de mujeres maltratadas, niños abandonados por sus padres, maridos infieles, ha dicho que ejercerá su propia defensa conjuntamente con sus abogados y que pedirá como testigo al propio presidente Alejandro Toledo.

Bozzo ha cuestionado su proceso, el [sic] que califica de «circo» y afirma que es una venganza por haber tocado a la hoy familia presidencial. En el 2000, cuando Toledo se postulaba a la presidencia y era el principal rival de Fujimori, Bozzo presentó en su programa de televisión a una mujer que afirmaba tener una hija de 12 años no reconocida por el mandatario.

El tema generó mucha sensibilidad en la opinión pública y finalmente en el 2002, Toledo reconoció a Zaraí Toledo como su hija, después de 14 años de litigios con la madre, Lucrecia Orozco.

«Quiero que el Presidente Toledo me diga en mi cara en qué lo perjudiqué, que yo inventé a Zaraí, que fue mi creación Zaraí», dijo Bozzo el jueves en la noche en declaraciones a un programa de televisión.

Además, afirmó que la Primera Dama, Eliane Karp, «no me perdona que yo haya sacado a Lucrecia Orozco en mi programa».

Con Bozzo son juzgados Montesinos y otros 16 procesados, algunos de ellos artistas, acusados también por haber recibido dinero del ex jefe de inteligencia.

La conductora asegura que es inocente, y que si apoyó a Fujimori, lo hizo porque sentía sincera admiración por él y su gobierno.

«Obviamente que me utilizaron... Yo he defendido lo que yo creía, la lucha antisubversiva, en fin», señaló.

El proceso que se le sigue no impidió a Bozzo seguir su carrera televisiva. Desde el estudio Monitor, conduce su programa «Laura», que es trasmitido por la cadena Telemundo de NBC, cinco días a la semana, para unos 9 millones de televidentes en Estados Unidos y millones más en 16 países latinoamericanos, entre los que no está incluido Perú.

No hay nada peor que el hecho de que te priven de tu libertad siendo abogada y sabiendo que eres inocente, porque la impotencia y la frustración se experimentan al doble. Sabiendo de leyes, de su aplicación, siendo doctora en Derecho... ¡todo me hacía sentir que lo que estudié no servía ni para papel higiénico, y eso era brutalmente frustrante!

Este episodio de mi vida me demostraba que la ley no contaba, que los políticos hacían y deshacían escudándose en ella y yo me veía como una más de los panelistas que durante años había presentado mi programa, o como aquellas personas presas a las que ayudé a exponer sus procesos en donde no se les había probado culpabilidad. Claro que todos esos casos me dolían, pero solo hasta que lo viví pude saber en carne propia lo que se sentía, y eso es algo que no le deseas ni a tu peor enemigo.

Estar arrestada y sujeta a un proceso sabiendo que no había cometido ni el más mínimo de los delitos era sumamente doloroso, sobre todo porque tantos años de estudio y tanto conocimiento acumulado me hacían saber que todo lo que estaba sucediendo no tenía fundamento alguno.

La detención de una persona debe ser producto de una sentencia judicial en la cual se le comprueben los delitos que le atribuyen, salvo que haya peligro de fuga, y entonces sí se puede ordenar una prisión preventiva. En mi caso eso no se cumplió. Conmigo no había peligro de fuga, yo era una figura pública, mi padre ofreció todas sus propiedades en garantía para que no me arrestaran, con lo cual era más que obvio que no me iba a ir del país para enfrentar las acusaciones que me hacían.

En mi caso no se trataba de un juicio. Mi proceso estaba llevado por tribunales paralelos a los del sistema de justicia del Perú que el gobierno de Alejandro Toledo creó para venganza y persecución, al frente de los cuales estaban personas que respondían a los intereses políticos del presidente en turno y de la gente de su entorno. A la luz del Derecho se trataba de un juicio nulo porque debió haberse llevado frente a las autoridades judiciales y no con organismos creados, porque no era una servidora pública a la que se le pudiera imputar el delito de peculado, porque jamás había tenido bajo mi cargo la administración de fondos públicos que pudiera haber malversado. Era estúpido y risible porque el peculado solo puede ser atribuido a funcionarios públicos.

Cuando acepté no subir al avión y acompañar a los policías, la verdad es que me importaba poco de qué me acusaban porque estaba segura de no haber recibido ningún centavo y no tenía motivos para preocuparme. Yo no solo no recibí dinero de nadie, sino que además perdí todo lo que tenía y lo que había ganado, fruto de mi trabajo y de la herencia de mis abuelos.

Luego de dos años de arresto ya esperaba con ansias el juicio, ya había pasado tiempo más que suficiente para que la fiscalía recabara sus pruebas y era hora de que los abogados hicieran su trabajo de alegatos y defensa frente al tribunal.

Antes de entrar a esta fase, desesperadamente contraté a muchos abogados. Fui una pesadilla como clienta porque les cuestionaba todo y me daba cuenta de todo lo que hacían mal, de lo que no hacían o de las torpezas que cometían. Todo esto me costó cerca de un millón de dólares.

¿De qué me acusaban? De haber recibido un collar. Muy bien: durante el juicio se demostró que me lo había regalado mi padre y esto se acreditó con la factura. De haber recibido tres millones de dólares: revisaron las cuentas de mis padres, de mis hermanos y no pudieron encontrar dinero sin justificar.

De haber recibido 1,500 dólares para pagar una caución (fianza) por el caso de un niño de Huacho que rescaté rompiendo la puerta de su casa porque su padre, un policía, y la amante de éste lo torturaban. Cuando me enteré de eso, fui al ministerio público a presentar la denuncia, tomé mi carro y acompañada de la policía lo rescaté, presentando una orden judicial. Para hacer esto, traje de regreso a Perú a la mamá que se encontraba refugiada en Chile porque su esposo la maltrataba a tal grado que le había fracturado la columna. Aquel día tomé al niño y a su hermana mayor y me los llevé.

Fue precisamente por la hermana mayor que me enteré de este terrible caso; vino caminando desde Huacho, un viaje de casi 14 horas, a pedirme que por favor interviniera. Como consecuencia el padre me denunció por allanamiento de morada, por lo cual me impusieron una caución de 1,500 dólares. El día que hice el pago de la misma, mi chofer retiró el dinero de mi cuenta en el Banco WISSE y así lo declaró en el juicio, además, mis abogados presentaron comprobante del retiro y el recibo que le extendieron a mi chofer.

Durante el juicio, Pedro Huerta, un colaborador del gobierno, declaró que él había pagado la caución con dinero de Montesinos. Por eso se sostuvo la acusación y desestimaron las pruebas que presentamos.

Otro delito que me imputaban era el de haber recibido una placa dorada que me otorgó el gobierno de Fujimori por una cobertura realizada sobre el terrorismo en Perú. Ese trabajo también se extendía a la situación que vivía Colombia con las FARC (Fuerzas Armadas Revolucionarias de Colombia) y la investigación se había hecho con material del equipo de periodistas de América Televisión y me lo compartieron para armar dos programas especiales, uno sobre Perú y otro con información de Colombia. Viene a colación contar que por esa investigación los terroristas de las FARC le pusieron precio de un millón de dólares a mi cabeza. Para efectos de este juicio, mi delito era haber recibido esa placa dorada como reconocimiento a mi trabajo.

Por otra parte, haber visitado a Vladimiro Montesinos en el SIN era, para ellos, prueba contundente de los delitos que me atribuían. Como si conocer a alguien o ser su amiga fuera condición *sine qua non* para cometer un delito. Como si la actriz Kate del Castillo tuviera que ser considerada narcotraficante por haber visitado a Joaquín «el Chapo» Guzmán o el periodista Julio Scherer fuera un criminal por la entrevista que le realizó a Ismael «el Mayo» Zambada. Las comparaciones que cito son equiparables al absurdo del que en ese momento fui víctima. Nadie puede ir a la cárcel por conocer o ser amiga de alguien, así yo hubiera sido una loca enamorada de Montesinos, eso no me convertía en una criminal.

Saúl Peña Farfán era el juez al frente del circo romano, en el que la ley no servía para nada; había que seguir el guion de un espectáculo que los medios cubrían las veinticuatro horas. Y fue entonces que decidí ser parte de ese *show*.

Mi estilista Roberto Córdoba, y Pepe Pitasig, mi maquillista, se daban cita todos los días en Monitor para arreglarme para el programa de televisión, pero también para dejarme espectacular cuando iba a las audiencias. Pepe era como un hermano, hablábamos de todo y siempre estaba preocupado por mí y por mi arreglo, quería que mi estado de ánimo no se reflejara ante los que me acusaban. Esa era una forma de enfrentar y provocar a quienes querían verme derrotada. Uno no se espera que en medio de una situación tan traumática alguien tenga ánimo de preocuparse por su apariencia. Bueno, pues gracias a Pepe y a Roberto, era todo un tema en la prensa especular cómo llegaría arreglada y qué me pondría para acudir a los tribunales. Yo elegía los mejores Cavalli´s de mi guardarropa y de este modo contribuía al *show*.

Al hacer un repaso de todos los momentos de ese juicio, hay una escena que me viene inmediatamente a la cabeza porque ejemplifica todo el coraje y la frustración que me provocaban las injurias que ahí se decían. Fue el día en que escuché la retahíla de acusaciones en voz de Martín Retamoso, el fiscal. Todo era falso, como lo comprobaron los peritajes, y en ese momento perdí el control y saqué un puñado de monedas, se las aventé y le dije: «Corrupto de mierda. El que recibió dinero fuste tú».

Estaba molesta y sentía una gran impotencia. No pensé en ningún momento que eso que hacía sí me ponía en riesgo de ser encarcelada. Solo quería liberar un poco de la frustración que tenía. Las vocales (jueces) del juicio me mandaron sacar, Cristian afuera estaba paralizado y la gente que me apoyaba aplaudía lo que había hecho. Mi hija Victoria, que viajaba cuando podía a Perú para estar presente en las audiencias, estaba horrorizada, no podía creer lo que ahí sucedía. Fue todo un escándalo.

Los primeros meses del juicio, la restricción que me impusieron para hablar ya se había levantado, siempre y cuando no discutiera detalles del proceso que se llevaba a cabo porque era información reservada. Solo me limitaba a hacer llamados como el que mi padre hizo en su momento, donde ofrecía mis bienes si alguien conseguía una sola prueba de mi culpabilidad. Jamás llegó una porque no existían. En esa etapa lo que más me conmovía eran las muestras de apoyo de las mujeres de los comedores populares, que venían caminando kilómetros, hasta la base naval donde fue el juicio. El pueblo nunca se creyó aquello que me habían montado.

En esa época, el diario Correo hizo una encuesta para medir el porcentaje de gente que me creía culpable. El 80% de los peruanos decía que yo era inocente. Sin la menor duda, enfrentaba ese juicio con el respaldo del pueblo peruano.

Otro momento que causó gran expectación fue el día en que enfrenté a Matilde Pinchi Pinchi y sus acusaciones. El 13 de febrero de 2003 el diario La República publicó una crónica de las más de seis horas que duró la diligencia:

> En una acalorada y por momentos «violenta» diligencia, la conductora de televisión Laura Bozzo Rotondo y la ex contadora de Vladimiro Montesinos, Matilde Pinchi Pinchi, se confrontaron ante el juez Saúl Peña Farfán, ratificándose cada una en sus respectivas declaraciones, de inocencia y acusaciones, respectivamente.
>
> La confrontación duró un poco más de seis horas, entre las 3:00 de la tarde y las 9:15 de la noche. Pinchi Pinchi insistió que Montesinos le entregó a la conductora de televisión tres millones de dólares, joyas y ayuda para resolver un problema judicial en Huacho, mientras que Bozzo negó esta afirmación argumentando que la ex cajera de Montesinos no podía confirmar que vio que esos sobres con dinero llegaron a sus manos.
>
> Ambas mujeres estuvieron acompañadas de sus abogados, Germán Larriue Bellido y Carlos Chipoco Cáceda por parte de Bozzo y Luis Francia por Pinchi Pinchi. La confrontación tenía por finalidad esclarecer las contradicciones en las que incurrieron las dos en sus declaraciones, pero al final estas se mantuvieron.

ACUSACIONES E INSULTOS

> Fuentes judiciales indicaron que el juez Peña Farfán tuvo que apelar a su autoridad para tranquilizarlas, ya que en varios momentos estuvieron a punto de agredirse físicamente y en todo momento no pararon de insultarse mutuamente. «La más vehemente fue Laura Bozzo, aunque Matilde Pinchi no se quedó callada, no faltaron los insultos y frases en doble sentido», indicaron las fuentes.
>
> Agregaron que esta situación de violencia verbal generó que la diligencia se dilatara por más de seis horas. «Laura interrum-

pía en varios momentos gritándole mentirosa a la Pinchi Pinchi, mientras que ésta la retaba a asumir sus acciones y aceptar los hechos».

BOZZO NIEGA CARGOS

Laura Bozzo y Matilde Pinchi llegaron y se retiraron de la sede de los juzgados anticorrupción, en el cruce de las avenidas Arenales y Dos de Mayo, en automóvil, por lo que no declararon a la prensa. Solo Bozzo, a través de la ventanilla de su vehículo, se dirigió a los periodistas para decirles «los amo», mientras saludaba con los brazos y sonreía, aparentando que la diligencia se desarrolló favorablemente a sus intereses.

Larriue Bellido declaró que su cliente se siente satisfecha de la confrontación, porque Pinchi Pinchi no pudo confirmar que la vio en el SIN ni que los sobres de dinero le fueron entregados. Este fue el único argumento utilizado por Bozzo para negar las acusaciones de la ex cajera del ex asesor presidencial.

Todas las versiones que Pinchi Pinchi presentó aquel día se contradecían cada vez que las repetía en el lapso de aquellas seis horas. Frente a todas esas versiones contradictorias, peritos investigaron a mi padre, a mi madre, a mis hermanos, a mi exmarido, a mis hijas y a toda mi familia. Fue un golpe durísimo para todos ellos. Mi padre, que era el gran ingeniero del Perú, constructor del Estadio Nacional, ahora recibía una afrenta que lo humillaba profundamente. Y bueno, para mi madre ni se diga, verse interrogada en su casa sobre los orígenes de su dinero, fue algo que no podía soportar.

Los peritos concluyeron su investigación, presentaron el informe que, en líneas generales decía que *no había un dólar ni un sol que no estuviera debidamente comprobado en las cuentas de toda la familia, en especial de los padres. Y el dinero de la Sra. Victoria Rotondo en el Gran*

Caimán es producto de la herencia de su padre, Roberto Rotondo, y data de los años setenta. Entonces nadie se disculpó por el agravio: ni el diario El Comercio, medio de comunicación oficial del gobierno de Toledo, publicó una sola línea del dictamen de los peritos. Eso no era parte del guion y por eso lo callaron.

Cuando se presentó la acusación fiscal pedían siete años de prisión para mí y yo sufrí una ataque de pánico. Pero en el fondo de mi corazón tenía un presentimiento, una intuición muy fuerte, que me hacía saber que no pisaría la cárcel. Siempre tuve la certeza de que mi juicio era un *show* para la gente, querían exhibirme acabada y burlarse de mí. Yo solo tenía que resistir. Más allá de que legalmente sabía que no les asistía la razón para atribuirme ningún delito porque no había prueba, la seguridad de que no iría a prisión era más una cosa del corazón.

De ninguna forma estaba sola en el juicio; como he dicho, el pueblo me apoyaba, pero también, en estricto sentido, en el tribunal tampoco lo estaba: 16 acusados libraban batalla en el mismo proceso. Las caras que hacía durante el juicio también eran motivo de comentarios en la televisión y en la prensa. Me reía o ponía expresiones de incredulidad porque no daba crédito a lo que ocurría en cada una de las sesiones. Tal vez el momento en el que más se comentó sobre mis expresiones fue cuando Vladimiro Montesinos habló de mí, porque no lo había hecho antes ni por algún otro de los acusados. Aquel día rindió testimonio y dijo que yo nunca había recibido un solo centavo.

Aceptó que le pagaba al canal de los Crousillat 50 millones de dólares por manejar su línea editorial. Confesó que ese dinero iba a parar a manos de los dueños, no a los empleados como yo. Aclaró que a mí me utilizaron contándome los dramas de las personas, llegándome por el corazón, porque mi dignidad y mi imagen eran intachables y jamás me prestaría para hablar pagada por ellos.

Con esa declaración vi el momento justo para burlarme y joder a todos los que me acusaban en plena audiencia, y también a Montesinos. Me levanté y dije, «yo estuve enamorada de Montesinos. ¿Cuál es el delito? En todo caso me acusarán de mal gusto, pero ¿díganme ustedes cuál es el delito en eso?». A pesar de llevar dos años sin libertad y de todos los problemas que traía encima, yo no dejaba de ser Laura Bozzo, la provocadora. No ganaba nada diciendo eso, solo jodía.

Durante el juicio era una constante ver a Cristian en la parte de atrás de la sala ir de un lado para el otro, agarrándose la cabeza ante la impotencia de lo que sucedía en las audiencias y que nada se podía hacer al respecto. Pero el día que declaré que había estado enamorada de Montesinos, no lo vi desesperado, lo noté fúrico y los ojos de todos los ahí presentes se posaron en él para ver la expresión que tenía. Las vocales no sabían qué cara poner. Las tres me daban entre pena y rabia. No podían hacerme absolutamente nada por lo que acababa de decir. Solo me llamaron la atención por interrumpir y provocar alboroto en la sala.

Sobre este pasaje, Cristian me recordó lo siguiente:

Cuando te escuché declarar que estabas enamorada de Montesinos, las vocales y todos los ahí presentes voltearon a verme y se burlaron de mí. Yo verdaderamente estaba alterado por lo que decías. Por ti sabía lo que había pasado con Montesinos, pero escuchar ahí tantas cosas, dentro del juicio, realmente me desencajó. Tú decías algo sobre la admiración y amor platónico que le tenías y todos volteaban a verme esperando mi reacción. ¡Eso era como un partido de tenis!

Estoy seguro de que la gente juraba que al regresar a Monitor, tú y yo habríamos tenido tremendas peleas por eso. Lo que no saben es que nosotros nos contábamos todo, y cuando Matilde decía que tú te sentabas en una cama y ahí te dejaban el dinero, yo tenía claro que eso era mentira, como se comprobó en el juicio, pero que era una estrategia de ella para seguir desprestigiando tu imagen.

Mis caras no eran de celos, eran de enfado por la cantidad de mentiras que se decían. Todos preferían pensar que me moría de celos.

Las llamadas de atención eran permanentes y lo que le ponía la pimienta a las audiencias. Me acuerdo que en otra ocasión le dije a la vocal que presidía que ella tenía una hija y que el daño que ahora ella le hacía a la mía, lo podría pagar con la suya. Me acababa de enterar de que Alejandra no lo estaba pasando bien, tenía problemas a causa de la depresión que le provocaba verme presa. Solo después de que hablaba me daba cuenta de que con un chasquido de sus dedos me podían haber mandado a la prisión.

Siempre el apoyo popular era lo que me salvaba. Las vocales sabían de lo que eran capaces las mujeres de los comedores populares ahí presentes, porque se hizo público que a Matilde Pinchi Pinchi le aventaban excremento al salir del tribunal. Me llamaron la atención por eso, pero nada podía hacer porque no era yo la que las incitaba.

Muestras de apoyo recibí de todas las formas, pero una que me conmovió profundamente porque sus vidas se ponían en riesgo al hablar conmigo, fue la de dos sexoservidoras que habían atendido al presidente Alejandro Toledo. Con frecuencia acudía a prostíbulos donde, además de mujeres, había drogas y alcohol.

Ellas me ofrecieron muestras del cabello de Toledo para que mis abogados hicieran pruebas de ADN y comprobaran que consumía drogas. Además, me entregaron fotos donde aparecía completamente desnudo. En una de ellas, el ahora presidente tenía una línea de cocaína en el bajo vientre y ellas me relataron que, parte del juego sexual que las obligaba a hacer, era que inhalaran de ahí.

Durante su mandato era señalado como drogadicto y alcohólico. Se hablaba del avión presidencial como «el avión parrandero» porque en los círculos de la política se comentaba que lo usaba para hacer juergas donde nunca faltaban el alcohol, las drogas y las mujeres. De todo aquello que me revelaban las sexoservidoras, desde el 2011 y hasta que fue declarado prófugo, reiteradamente Toledo tuvo que aclarar en diferentes medios que nunca había consumido drogas y que no tenía necesidad de someterse a pruebas toxicológicas. Sus constantes traspiés en diferentes entrevistas y actos públicos, primero como presidente y más adelante nuevamente como candidato a la presidencia, en 2011, hicieron que todo mundo empezara a darse cuenta y a declarar abiertamente que Toledo tenía problemas de adicciones.

Mientras escribo este libro, ni aun cuando permanece en fuga ha dejado de ser motivo de señalamientos. Recientemente el congresista de Fuerza Popular, Héctor Becerril, lo tildó de drogadicto, alcohólico, ladrón y mitómano en una nota que publicó en el diario Correo el 9 de enero de 2018.

Lo que esas sexoservidoras me entregaron durante el juicio para desenmascarar a Toledo, venía acompañado de declaraciones donde lo describían como un tipo enfermo y pervertido que disfrutaba maltratarlas. Me pedían usar esas pruebas y denunciarlo, aunque su vida corriera peligro. No las utilicé, primero porque era altamente riesgoso para ellas y me parecía que no tenía derecho a ponerlas en esa situación; luego, porque no era lo mío, esas fotos solo probaban lo que ya había evidenciado con el caso Zaraí: que Toledo era un tipo sin valores, sin moral y sin un ápice de respeto a su investidura. De ninguna forma esas fotografías habrían probado el montaje del mi juicio o contribuido a probar mi inocencia.

Al mismo tiempo que todo eso, salió en los medios un video en el que se veía cómo el sobrino del fiscal Martín Retamoso se presentó en Monitor para confesar que todo el juicio era armado; que «mi tío está dirigido y ha recibido dinero de Eliane Karp [la esposa del presidente] para hacerte lo que te están haciendo», dijo.

Su confesión solo me confirmaba lo que ya sabía, que Karp no me perdonaba haber presentado al pueblo peruano a la hija ilegítima del entonces candidato a la presidencia. Ella dio una entrevista afirmando que yo le «había inventado una hija a su cholo sagrado, pagada por Montesinos y Fujimori». Yo no inventé nada y el tiempo me ha dado la razón: su marido reconoció su paternidad y no hay más.

En algún momento del juicio se nos prohibió a todos los involucrados hacer declaraciones sobre el proceso o compartir información sobre lo que se juzgaba en los tribunales. Al término de esa audiencia, afuera de la sala, el procurador Omar Chehade, en contra de lo que recién nos habían ordenado, ofreció una conferencia de prensa donde informó que la fiscalía contaba con todas las pruebas que acreditaban que yo había recibido tres millones de dólares y que en el juicio lo probarían. Aseguraba que sería condenada porque no había otra forma de que terminara aquello. Cristian, que se encontraba cerca de él, lo escuchó todo y se le acercó de forma amenazante para increparlo. Le dijo que estaba actuando en contra de lo ordenado por las vocales, que nos prohibían hablar sobre el juicio, que no tenía derecho de hablar sabiendo que yo no podía defenderme. Lo acusó de ser un corrupto. Pero no solo eso, era tanto su enojo que casi se le fue a los golpes y los que estaban ahí tuvieron que quitárselo de encima. Un escándalo más que se sumaba a la ya larga lista.

Justo a la mitad del juicio veía que las cosas no caminaban bien y decidí contratar a Mario Rodríguez para que se sumara a la defensa de Germán Larriue. Fue Mario el que realmente me hizo volver a tener fe en los abogados. Me hizo ver que no todos eran unos corruptos; él jamás lucró conmigo. Amaba su profesión de tal manera que hizo de este pleito una afrenta personal y me defendió a capa y espada, con la mejor estrategia de defensa que yo he visto de mi persona. Frente a todo el mundo demostró mi inocencia total y absoluta. Aunque los medios no lo cubrieron, los alegatos finales de la defensa de Mario Rodríguez fueron impecables.

Recuerdo que me puse a llorar con sus exposiciones en el tribunal, porque para mí había sido impresionante la forma en la que argumentaba y cómo me daba voz.

Corresponsales de medios extranjeros estaban instalados en Perú para cubrir el juicio. Llegó un momento en que me convertí en atracción turística. No es broma. Los hoteles vendían paquetes a sus huéspedes que incluían una visita a Monitor con la asistencia al programa en vivo que realizaba una conductora arrestada en el canal. Mandaban 200 turistas por tanda al foro, quienes sentados desde la tribuna veían a Laura haciendo sus oraciones y el detrás de cámaras del programa. Venían de todas partes del mundo a verme.

Antes de que el juicio concluyera, se cumplió el plazo máximo que podían tenerme arrestada y me dejaron en libertad. Recuerdo que los ejecutivos de Telemundo querían celebrar «mi libertad» y alquilaron la suite presidencial del J.W. Marriot para realizar una fiesta a la que vinieron muchos amigos y brindamos con champaña. Todos estaban felices, incluso más que yo, pues tenía claro que el proceso aún no terminaba y mi prioridad era probar mi inocencia. Todavía no era tiempo de celebrar nada pero conviví con todos ese día y hasta muy entrada la noche, no porque quisiera estar de fiesta sino porque no sabía qué hacer ahora que era libre de dormir nuevamente con privacidad y en la comodidad en una hermosa habitación. Llegó el momento en el que se fue el último invitado, me fui a la cama y no podía conciliar el sueño, aquella enorme habitación se me venía encima y tuve un ataque de pánico, por eso le pedí a Cristian que regresáramos a Monitor.

Apenas llegué a ese camerino austero que había sido mi celda y mi refugio por los últimos tres años, me sentí protegida y me dormí. Acostumbrada al encierro, debo reconocer que me llenó de miedo estar fuera nuevamente. Muy temprano en la mañana recibí una llamada de Ximena que no daba crédito al hecho de que yo hubiera regresado y tampoco podía entender mis razones para estar ahí.

Don Browne, presidente de Telemundo, vino a verme y a felicitarme por mi libertad, y quiso hacerme entender que no podía seguir viviendo en Monitor. En un intento por ayudarme a recuperar mi vida, me ofreció que la televisora me rentara un departamento en la playa, que tanto me gustaba, para que comenzara de nuevo.

Finalmente llegó el día de la sentencia. Pese a que uno a uno, Mario Rodríguez y Germán Larriue, echaron abajo los delitos que me imputaban, las vocales tenían la consigna de joderme y de justificar el tiempo que violaron mis derechos, manteniéndome en arresto domiciliario sin pruebas. Por casi cinco horas, dieron lectura al documento de sentencia con más de 200 páginas.

El resultado de la sesión fue reproducido por todos los medios que lo resumían así:

El juicio a Laura Bozzo terminó ayer con una sentencia que quiere satisfacer a todos, pero que deja muchas dudas.

Tras cinco años de investigación judicial y 20 meses de juicio público, la 3ª Sala Penal Especial Anticorrupción concluyó que la animadora de TV cometió los delitos de complicidad en peculado y asociación ilícita junto a Vladimiro Montesinos Torres. Sin embargo, el tribunal solo le impuso una pena de cuatro años de prisión, que suspendió por el cumplimiento de reglas de conducta durante los tres próximos años.

Esas reglas son: no cambiar de domicilio sin previa autorización judicial, reparar el daño ocasionado y reportar sus actividades cada tres meses. Adicionalmente, Laura debe pagar una reparación civil de 30 mil soles y devolver 1,500 dólares que recibió de Montesinos.

El tribunal concluyó que no se probó que Bozzo recibió tres millones de dólares y joyas del SIN. Solo se demostró, según la sentencia, que a cambio de apoyar la reelección de Alberto Fujimori, Laura recibió de Montesinos una placa recordatoria y el pago de la fianza en un juicio que tenía en Huacho.

Montesinos fue condenado a ocho años de prisión y el pago de 10 mil soles de reparación civil.

Las dos horas previas habían sido de arduo debate en el despacho de las vocales. A las 5:30 pm fue evidente, por lo escuchado hasta ese momento, que Laura era culpable. Solo restaba conocer la pena.

En ese momento, la expresión de Laura era de disgusto y temor, ante la posibilidad de que le dieran una pena de prisión efectiva. A las 9 de la noche se escuchó el veredicto final. La animadora de TV volvió a respirar con tranquilidad, relajó el rostro y sonrió. El tribunal no permitió la presencia de fotógrafos.

La sentencia se tomó por mayoría: dos votos a favor y uno en contra. Las tres vocales superiores integrantes de la Sala, Denisse Baca Cabrera, Carmen Rojassi Pella y Susana Castañeda Otsu no lograron ponerse de acuerdo en los argumentos de la sentencia, ni en la pena impuesta a Bozzo.

Denisse Baca, presidenta de la Sala, planteaba una pena de cinco años de prisión efectiva para Laura. En tanto, Susana Castañeda proponía absolver a Laura del delito de asociación ilícita.

Este último planteamiento, al que se sumó Carmen Rojassi, es el que al final prevaleció, dando lugar a la pena de cuatro años suspendida por tres de reglas de conducta, que no guarda relación con el delito que se atribuye a Bozzo.

La fiscalía estuvo disconforme con la sentencia y apeló a la Corte Suprema, que ahora debe revisar el fallo, pudiendo confirmarlo, modificarlo o anularlo para luego disponer un nuevo juicio.

La procuraduría *ad hoc* también apeló. La fiscalía había pedido que Laura Bozzo recibiera una pena de siete años de prisión por su vínculo ilícito con Montesinos.

Además de los detalles que se mencionaban en la nota del diario La República el 7 de julio de 2006, la revista People en Español publicaba las acciones a seguir por mi defensa:

> Por su parte, el abogado de Bozzo, Germán Larrieu, confirmó que su cliente ha apelado a la decisión del tribunal. «No estamos de acuerdo con la sentencia. (...) [Mi cliente] tiene fe de que esto se aclare», dijo a una agencia de noticias. Pero la fiscalía tampoco está de acuerdo con la sentencia, y presentó un recurso de nulidad del veredicto de este viernes ante la Corte Suprema, pidiendo siete años de cárcel efectiva para Bozzo. Según Larrieu, dicho tribunal podría emitir una resolución definitiva en unos ocho meses. Bozzo ofrecerá una conferencia de prensa este lunes para hablar más a fondo del tema.

Después de un año, la Corte Suprema dictaminó declarar inocente a Lauro Bozzo Rotondo del delito de asociación ilícita para delinquir y solo mantuvo la complicidad en peculado por los 1,500 dólares que había pagado Montesinos por la caución de Huacho. Aquí debo señalar, entonces, que quedó demostrado que mi juicio fue una farsa, una persecución política como años después lo señalaría públicamente el segundo vicepresidente de Toledo y empresario peruano, David Waisman, en un programa con el periodista Phillip Butters, donde dijo textual:

Público: Dígame, ¿Laura Bozzo tenía razón con lo de Zaraí? [...]

Phillip Butters: Bueno, Laura Bozzo tenía razón con lo de Zaraí, si era su hija [de Toledo]...

David Waisman: A Laura Bozzo la metieron en a la cárcel y le destruyeron la vida. La verdad es que ella en ese caso fue muy transparente y dijo la verdad siempre y eso le costó muy caro. Muy caro. Bueno, tú sabes que los que tienen poder siempre buscan la manera de aplastar y destruir a quien dice la verdad. Eso no es una novedad.

Las preguntas que me saltaban eran: ¿dónde están los tres millones de dólares por los cuales me tuvieron encerrada tres años pisoteando mis derechos y destruyendo mi vida? ¿Dónde está la sanción a la colaboradora eficaz Matilde Pinchi Pinchi por haber mentido y calumniarme, al afirmar que yo había recibido esa suma de dinero? ¿Dónde están las joyas? Aquellas que nunca me encontraron.

Me parece patético que 1,500 dólares, que insisto, durante el juicio acredité y comprobé que salieron de mi bolsillo, hayan sido motivo suficiente para destruirme la vida porque no solo perdí mi libertad por tres años y se dañó mi imagen pública en Perú y el extranjero. Las consecuencias se extendieron a terminar con todo el dinero que había ganado años antes, producto de mi trabajo. Y más grave aún, el gobierno norteamericano tomó la decisión de negarme la visa, basado en la sentencia acusatoria de haber recibido los 1,500 dólares.

Sin la posibilidad de entrar a Estados Unidos, Telemundo resolvió dar por concluido mi contrato porque yo no podría cumplir con la giras de promoción de mi *show*. La necesidad de que alguien se hiciera cargo de los gastos de la casa en Miami y de manejar mi cuenta bancaria me hizo confiar ciegamente en Fabián Ruales, fallecido en 2015, que fue un empleado de Telemundo que me asignaron como asistente en Estados Unidos, y quien hasta entonces había sido para mí como un miembro de mi familia.

Consciente de que no podía poner un pie en aquel país, abusó de mi confianza, falsificó mi firma y se creó una personalidad jurídica falsa con el nombre de Fabián Bozzo para constituir una empresa en mi nombre, Media Productions, abrir cuentas donde él y yo aparecíamos como titulares y poder quedarse con el dinero de la cuenta bancaria en la que yo depositaba dinero para gastos de Alejandra, pago de impuestos y de la hipoteca de la casa.

Tengo documentada la sustracción de un millón y medio de dólares. Él ya murió y es un proceso que no puedo empezar para reclamar a sus herederos el dinero que me robó por mi imposibilidad de entrar a Estados Unidos para reunir una serie de documentos en los bancos, que son indispensables para armar la denuncia y sustentar mis reclamaciones ante la justicia norteamericana.

Todavía hasta hoy, en 2018, sigo pagando las consecuencias económicas del arresto, incluso en México, porque no puedo justificar una serie de movimientos entre cuentas y ahora tengo que hacerle frente a dobles y triples tributaciones en tanto no pueda aclarar mi situación.

He contratado a abogados para que se encarguen de atender este caso; el último fue el doctor Julio Marrero a quien en el 2015 le pagué para que se hiciera cargo y hasta la fecha no ha habido ni un solo avance o acción de su parte. Y es que el hecho de no poder ingresar a Estados Unidos me ha convertido en blanco fácil para las estafas.

Finalmente, habiendo terminado todo el proceso de la sentencia asistí a una reunión en la que me encontré con una de las tres vocales que lo presidieron. No revelaré el nombre para no comprometer su posición pero baste decir que me pidió que le regalara unos minutos para hablar y entonces se soltó llorando, pidiéndome que la perdonara porque [lo que te hicieron a ti] «fue una monstruosidad. Todas nosotras estábamos dirigidas. Y solamente teníamos una orden: condenarte por lo que fuera. Tu juicio fue falso, todo fue armado. Absoluta y completamente digitado». No tenía que confesármelo, lamentablemente yo ya lo sabía.

México, una promesa cumplida

Al tiempo que esperaba la sentencia definitiva, en 2007 Telemundo tomó la decisión de dar por concluida la relación laboral que tenía con ellos, y la noticia desde luego que no me cayó nada bien. Sentí que los problemas que el arresto me había generado no pararían jamás. Tras tres años de litigio perdí más de millón y medio de dólares en abogados, y mi situación económica era crítica. Quedarme sin mi programa era un nuevo golpe para mí.

Sin embargo, hasta hoy no tengo más que palabras de agradecimiento para Telemundo, una empresa que me cobijó y respaldó en el momento más sombrío de mi vida y no sin dolor entendí que el hecho de no poder tener visa norteamericana era un problema grave para la empresa, ya que no iba a poder hacer la promoción que correspondía. Con un programa exitoso que se trasmitía en Estados Unidos y muchos países de América, me despedí de Telemundo con mucha tristeza pero con profundo agradecimiento.

Sin embargo, fue el éxito de mi programa lo que hizo que Telemundo contratara a la productora Promofilm para seguirlo transmitiendo, aunque ya sin intervención en la producción. Así lo hicimos durante dos años, en los que todo lo que ganaba era para pagar deudas. Y sinceramente el programa tampoco estaba a la altura de los estándares que siempre había manejado.

Mientras hacía el programa con Promofilm, Roberto Romagnoli, mi amigo y gran productor de televisión, me insistía mucho en que tenía que venir a México y me hacía viajar con cierta frecuencia. De hecho, el primer viaje que realicé, luego de quedar libre, fue a tierras mexicanas, donde estaba de invitada en los programas que él producía, como la exitosa revista matutina *Hoy*. Incluso en uno de esos viajes me arregló una cita con los ejecutivos del canal que en ese momento no tenían un proyecto para ofrecerme.

En 2008 decidí dar por terminada la relación con Promofilm y se presentó un nuevo golpe devastador en mi vida. Mi madre murió a causa de una profunda depresión que empezó con las acusaciones que el diario El Comercio imprimió en primera plana sobre su patrimonio. Calumnias de las cuales nunca publicó un desmentido o disculpas públicas cuando se comprobó que todo lo que tenía era producto de la herencia de su padre y no tenía nada de turbio. El daño moral que aquello le causó fue irreparable y se agudizó todavía más tras la muerte de mi papá; cayó en depresión, se confinó a un encierro en su casa y jamás volvió a salir a la calle. Mi madre jamás pudo sobreponerse al escándalo de mi arresto y finalmente murió el 13 de agosto del 2008.

Ya sin mi mamá no había nada que me retuviera en Perú. Roberto me insistía constantemente en traerme a México, y por otro lado estaba la promesa que le había hecho a mi papá antes de morir, en 2006, cuando me pidió que no me quedara más en Perú. Creía que luego de mi liberación ya no tenía nada que hacer ahí y pensaba que en México podía tener una carrera mucho más exitosa.

Mi padre, que había trabajado en la UNAM como catedrático y durante un tiempo tuvo una empresa con socios mexicanos, amaba este país y yo crecí absorbiendo ese cariño. No solo le tenía cariño a lo que esta nación representaba, también era un gran admirador de su cultura, de sus destinos paradisiacos como Acapulco, bello puerto que también le encantaba a mi madre; mi papá también era un fiel devoto de la Virgen de Guadalupe y sostuvo en la mano una estampa con su imagen hasta el momento en que murió.

Estando en Perú, Romagnoli le habló de mí a Alberto Santini, directivo de TV Azteca, quien me buscó para invitarme a hacer un programa para Azteca América. Roberto me advirtió que se trataba de un canal muy pequeño, con transmisión para el mercado hispano de Estados Unidos, y que de ninguna forma me estarían pagando o dando condiciones de trabajo como en Telemundo. A mí no me importaba, ya no tenía a mi madre ni nada que me retuviera en Perú y decidí aceptar la oferta de Alberto Santini.

Los preparativos para mudarme a México incluyeron que rematara lo que aún conservaba de vestuario y que empeñara en la joyería Banquero un reloj Rolex que valoraba mucho. Cuando le conté al dueño los motivos para dejárselo, me dijo: «No lo voy a vender. Lo guardaré porque sé lo que representa para ti y pronto regresarás por él». Y no se equivocó, años después, cuando pude, regresé por él y esa joya es hoy por hoy la más preciada porque simboliza mi paso del infierno al cielo.

TV Azteca

Mis primeros meses en México fueron de una austeridad terrible. No me dieron honorarios de inmediato pero sí un departamento que pagaba la televisora y donde nos instalamos mi hija Victoria y yo. Realmente fue un periodo de muchas complicaciones económicas, yo empeñaba y desempeñaba joyas para asegurarnos dinero para los gastos más indispensables y para enviar dinero a Alejandra, quien se encontraba en Miami.

Después del trauma que le quedó a Ale por el arresto y el proceso del juicio, no quería que nada más le afectara su estabilidad emocional, por ello no la involucraba en los problemas y trataba de pintarle el mejor panorama de todo. Sentía la responsabilidad de no afectar con nada la vida que llevaba y por eso no se enteró de las condiciones en las que vivíamos su hermana y yo a nuestra llegada a México.

Lo contrario ocurría con Victoria, quien me ha dicho «a mí me tocan siempre tus etapas más difíciles». Y es cierto, muchas veces, por no asegurar que siempre, mi hija mayor ha sido mi compañera y soporte en los momentos más difíciles de la vida. Ella, que tenía amigas en México vinculadas a la industria editorial de la moda, consiguió trabajos eventuales apoyando en maquillaje o haciendo textos para ciertas revistas. Así fue como juntas pudimos seguir adelante. Recuerdo que fue una etapa en la que nos alimentábamos de papas fritas con salsa Valentina porque no había para más.

Inmediatamente que llegué al país me presenté en Televisa y hablé con Alejandro Benítez para informarle que tenía una propuesta en TV Azteca y quería saber si ellos no tenían inconveniente en que la tomara. Como los episodios de mi programa se habían transmitido ahí me pareció que era correcto solicitar su parecer. Me reiteró que por el momento Televisa no tenía nada que ofrecerme y dio luz verde para arrancar con Azteca.

Feliz de incorporarme a las filas de una televisora mexicana, comenzamos a grabar. El programa en Azteca América lo realicé con dos personas que se vinieron de Perú para apostar por el proyecto: Cristian Córdova y Cristian Bustamante. Los tres empezamos a abrir el mercado. Tenía a mi favor que ya era conocida por la transmisión de mis *shows* en canal 9 Galavisión de Televisa. La gente me recordaba y fue relativamente fácil superar las expectativas iniciales del programa. Así transcurrieron los primeros meses, hasta que un día Alberto Santini me informó que mi programa cambiaría a Canal 13, la señal principal de TV Azteca, con transmisión abierta a todo el país.

En realidad fue ese el primer reto en televisión mexicana porque Galavisión, aunque tenía señal abierta, era una transmisión local que no llegaba a todos los rincones del país. Al poco tiempo del estreno de mi programa *Laura de todos,* Televisa colocó dos grandes producciones de telenovela a las 5 y a las 6 de la tarde. Pero no me intimidé con ello y me dediqué a hacer lo que mejor sabía: interactuar con la gente.

Dos, tres, cinco, ocho, diez, quince puntos de *rating* y mi programa pronto empezó a dejar atrás a las telenovelas. Canal 13 tenía por primera vez la ventaja frente a la gran televisora y arrasaba con la audiencia en el horario de las 5 de la tarde.

Al poco tiempo de mi cambio a Canal 13, Romagnoli salió de Televisa y se incorporó a Azteca, con lo cual, si bien no era su función, se dedicó a asesorar directamente mi programa.

En esencia, el *show* se centraba en lo que siempre había hecho: ayudar a las personas. Pero ahora no solo lo hacíamos en el foro. Yo salía e iba a los lugares donde la ayuda se necesitaba. Recuerdo que por aquellas fechas, en 2011, el huracán Alex causó estragos en Monterrey, capital de Nuevo León. Me trasladé con mi equipo a las zonas de damnificados para brindar ayuda y mostrar mi solidaridad al pueblo regiomontano. Hicimos emisiones especiales para informar de lo que ahí ocurría y colaborar a que los apoyos fluyeran con mayor rapidez, motivando a la gente a donar a favor de la población que había resultado severamente afectada.

Esa fue una de las muchas transmisiones en exteriores que hicimos para brindar ayuda y Azteca me dio todo el apoyo necesario para lograrlo. Yolanda Fernández me acompañaba en la producción y éramos un equipo que amalgamaba bien, excepto en una parte: la investigación de los casos.

Aquel equipo robusto de investigadores que tenía en América Televisión, que se encargaba de verificar la solidez y veracidad de los casos que presentábamos, no existió jamás en TV Azteca. El recurso humano mucho más limitado y la extensión territorial fueron dos factores que comenzaron a jugar en mi contra porque parte de la producción comenzó a omitir su responsabilidad de verificar historias y a echar mano de la recreación. De esas prácticas me daba cuenta al momento de hacer el programa en vivo, cuando por primera vez me miraba con los panelistas y ese olfato que tengo para detectar mentiras o inconsistencias me llenaba de cólera con los miembros de la producción que pretendían verme la cara.

Comprometida con la veracidad de los casos para otorgar ayuda social, no podía darme el lujo de permitir que omisiones en la investigación pusieran en tela de juicio mi credibilidad y profesionalismo. Así que empecé a exigirle más a la producción y a demandar que se contratara a mejores elementos. Finalmente, el programa tenía mucho éxito y no era conveniente para nadie empezar con mentiras y mediocridades a la hora de hacer el programa.

Durante el tiempo que estuve en Azteca América y en TV Azteca tuve la oportunidad de hacer muchos programas de *Laura en acción* donde viajábamos a diferentes partes de la república a abordar casos de todo tipo, y a mí eso me llenaba de satisfacción porque realmente marcábamos un cambio en la vida de las personas. Recorrí México de punta a punta en momentos en que la violencia azotaba al país y había zonas consideradas de riesgo. Me fui a meter a Tijuana, Ciudad Juárez, Michoacán; a lugares como cárceles, zonas marginales, picaderos, etcétera. Nunca, nunca me sentí en peligro en ninguno de esos sitios. La gente siempre me reconocía y se encargaba de hacerme sentir segura. Jamás sufrí o he sufrido algún tipo de agresión o daño estando en esas zonas consideradas peligrosas.

Como ya lo he mencionado antes, el éxito siempre viene acompañado de las envidias y mi paso por Azteca no fue la excepción. Mis condiciones de contratación, que para entonces ya eran mejores, el apoyo que la televisora me daba y los *ratings* de mi programa comenzaron a ponerme en el ojo de la crítica de quienes hasta antes de mi llegada se sentían dueños y reyes de la pantalla.

Veía con sorpresa que producciones sin audiencia tuvieran un piso completo para su equipo de trabajo, en tanto que yo estaba relegada a una oficina de dos por dos. Y no solo eso, la influencia de una conductora entre el personal de Azteca me hacía pasar por humillaciones y malos tratos hasta con el personal de peinado y maquillaje, que en una ocasión hasta me quemó el cabello.

De pronto, y sin que yo lo provocara porque mi trabajo en nada tenía que ver con esa conductora, formaba parte de una guerra absurda por envidias y celos que ponía por delante el ego de una reina desbancada antes que los intereses de la empresa que nos contrataba a ambas.

Todo se agudizó cuando presentamos en el programa el caso de Celia Lora. Estaba detenida por haber atropellado a un peatón que había muerto a consecuencia de ello. Los padres de Celia, Chela y Alex Lora, estaban muy preocupados por la situación en la que se encontraba su hija.

Yo comencé a darle seguimiento al caso y eso no fue bien visto por quien se encontraba al frente de la división de espectáculos en Azteca. Suponía que por ser gente del medio artístico, la nota debía cubrirse con su equipo de reporteros. Yo no daba cobertura a un escándalo de la farándula, sino que me ocupaba de la forma en la que este caso podía seguir afectando a la familia de la víctima. Comencé a mediar entre los Lora y la familia del afectado para conseguir una indemnización justa.

Celia siguió su proceso penal, fue sentenciada pero alcanzó derecho a fianza y libertad condicional con el retiro de su licencia de manejo. Finalmente, yo que había dado un seguimiento puntual, conseguí que la familia Lora viniera a mi programa a dar la primera entrevista cuando ella obtuvo su libertad. Esto se logró en parte porque mi cobertura nunca estuvo enfocada a hacer escarnio del trágico momento que vivían como familia, y también porque mi trato hacia ellos siempre se mantuvo en el marco del respeto.

Al término del programa, cuando abandonaban el set, reporteros del equipo de espectáculos los abordaron para hacerles una entrevista y ellos se negaron. Eso abonó más a avivar el ambiente de hostilidad con el que trabajaba. Creo que se me atribuía un poder que nunca he tenido: el de decidir por las personas. Siempre fue decisión de los Lora el aceptar hablar con uno u otro medio de comunicación. En eso yo no podía intervenir.

Era un ambiente terrible el que padecía en aquella empresa y no había nada que pudiera hacer por mejorarlo, porque pese a los niveles de audiencia y la facturación de anunciantes que aportaba, pesaban más los egos de las personas para las que yo era incómoda. Eso me planteaba un panorama claro de que mi crecimiento ahí tenía un tope al que ya había llegado y un ambiente laboral que no iba a cambiar.

Entonces el éxito de *Laura de todos* por fin jugó a mi favor. Ya era un elemento muy rentable que Televisa tenía en la mira y mediante un amigo que trabajaba ahí me llegó la invitación para sentarme a escuchar una oferta de la televisora.

Todo el público de Sudamérica ha crecido con y sigue teniendo acceso a los programas que produce Televisa. Nadie, en la parte sur del continente, tiene referencia de otra cadena televisora. Y quienes trabajamos en televisión vemos a Televisa como un homólogo de Hollywood; sabemos de la proyección que da a las carreras de actores, cantantes, periodistas y conductores. De tal suerte que para conseguir el éxito y la internacionalización de nuestras carreras el paso por esta cadena es un cruce obligado. Fue un gran apoyo que TV Azteca me abriera las puertas a mi llegada pero era un paso más en mi vida profesional aceptar la propuesta que ahora Televisa ponía frente a mí.

Había correspondido con creces a la confianza que Azteca me brindó. Aporté con mis programas anunciantes y niveles de audiencia que nunca habían tenido y eso me hacía tener la conciencia tranquila cuando decidí ver por mi desarrollo profesional sin sentir que les quedaba a deber. Así, me reuní con Alberto Santini para informarle no solo de la propuesta de Televisa, sino de las condiciones hostiles en la cuales trabajaba en la empresa. Me hizo una contrapuesta que mejoraba lo ofrecido por la otra televisora.

En ese momento me di cuenta de que no eran ajenos al valor que les aportaba, y también constaté que no estaba equivocada, les había dado lo mejor de mi trabajo y me había partido la cara por ellos para mantener en lo alto el espacio que me habían brindado. Sin embargo, no era un tema de dinero, era el trato que no me daban, no me hacían sentir parte de una familia ni que mi éxito fuera importante para ellos.

En ese periodo de ofertas y contraofertas me permití escuchar a las dos partes. Mi sueño era irme a Televisa pero no estaba segura de que fuera lo mejor para mí, estaba indecisa. Me fui a Acapulco para pensar en lo que debía decidir y hasta allá fueron a verme directivos de ambas televisoras, y cada uno me hacía sus mejores ofertas. Hasta que llegó la propuesta final de TV Azteca que prácticamente duplicaba la de Televisa y aún la conservo para recordarme que era mucho mejor económicamente hablando.

Si el dinero hubiera sido un factor determinante para quedarme en una televisora o en otra, desde luego que habría continuado en Azteca. Pero no fue así, fui yo la que opté por concluir mi contrato con ellos, pese a que se empeñaron en anunciar a los medios que me habían corrido, porque aposté a las condiciones de trabajo y a la relación de largo plazo que me ofreció la empresa de Emilio Azcárraga.

Estrella de Televisa

Debo reconocer que cumplir con mi sueño de ponerme la camiseta que tanto había deseado tampoco fue como vivir un cuento de hadas. No todos me aceptaron o me abrieron los brazos inmediatamente, tanto en el personal de producción como en el talento artístico. Finalmente, era una extranjera conocida por llamar a las cosas por su nombre y mi personalidad llegó a incomodar y a pisar callos. Eso no le gustó a algunos y miraron con recelo mi fichaje como una estrella más del Canal de las estrellas.

En realidad jamás he podido acostumbrarme a no tener una familia con mi equipo de trabajo, añoro esos años en los que producción, investigación y yo teníamos el mismo objetivo y trabajábamos por él. Extraño la camaradería que se forma entre conductores cuando de su trabajo depende que una televisora crezca y se gane la preferencia de la gente. El noventa por ciento de los chismes ligados a riñas entre compañeras que me publicaron estando en Televisa fueron más una exageración o un problema de comunicación entre la gente de producción que una diferencia real entre conductores. Siempre me he dirigido con respeto hacia mis compañeros. Y si no tengo amistad con todos, se debe a que soy bastante tímida, como ya lo he contado.

Aquí quiero hacer una mención a un amigo y hermano por elección que conocí gracias a mi estancia en Televisa y que hoy forma parte de mi vida, junto con su familia, como un gran apoyo en todo momento. Hablo de Jaime Camil, padre. Nos conocimos porque su hijo Jaime Camil y yo éramos vecinos de foro, y un día que pasó a saludarlo se le ocurrió visitar a la loca de junto que tanto gritaba.

En ese instante nos convertimos en hermanos de esos que la vida no te da pero tú eliges porque sientes una conexión fraterna. Jaime me abrió no solo la puerta de su casa, sino el corazón de toda su familia y yo encontré en ellos una comunidad que me arropaba en México. Ambos amamos y vivimos en Acapulco; y aunque no le guste hablar del tema, Jaime dedica buena parte de su tiempo a la ayuda social; ese fue el tema que más nos unió. Gracias a él y a Tony, su esposa, redimensioné el valor de la amistad luego de lo vivido en el arresto, y el darme cuenta de que en el ambiente de la televisión la camaradería está extinguiéndose. De ellos aprendí que las malas vibras no se combaten, simplemente se ignoran y uno centra sus energías en rodearse de gente de luz.

Bien, ya en Televisa desde el principio me dieron absoluta libertad para generar los contenidos de mi programa. Dejaron en mis manos la completa responsabilidad de seleccionar los temas que iba a presentar y en todo momento el trato con los directivos de la empresa fue muy cordial y ninguno me marcó línea alguna.

El primer programa en Televisa nunca lo voy a olvidar. Regalamos una casa a una familia y durante la transmisión fue como si mi papá hubiera estado todo el tiempo junto a mí, respaldándome. Lo sentí tan claro como cuando creo que estoy haciendo algo mal y percibo la presencia de mi mamá advirtiéndome. Pero en aquella primera emisión sentir que mi papá me apoyaba me daba mucha emoción, y hasta sentía una opresión en el pecho.

Federico Wilkins fue el primer productor de *Laura*. Teníamos reuniones diarias de planeación y era una persona con la que yo me entendía perfectamente. Una de las condiciones que puse a Televisa para firmar el contrato fue que me permitieran traerme al equipo de producción que tenía en Azteca y todos me siguieron.

Aquí quiero señalar que por esa razón me da risa cuando hablan de que maltrato a la gente que trabaja conmigo. Rumores que se presentaron incluso en Televisa. Y me resulta absurdo que se diga eso porque yo, formo equipos que me siguen porque veo por ellos. Definitivamente no soy una mala jefa; exigente sí, pero nunca una mala líder.

Sin embargo, con el paso del tiempo Federico y yo empezamos a tener problemas por los horarios que él manejaba y por la selección de temas. Aunado a ello, mi equipo comenzó a cambiar de actitud. Me di cuenta que al verse en la televisora más importante sentían que ya no debían esforzarse en nada. Que ya la habían hecho en la vida y comenzaron a dejar de trabajar con ganas. ¡Eso es un error fatal!

Uno no puede dejar de sentir pasión por lo que hace y perder las ganas de esforzarse. Incluso para mí, cada programa es un reto y me provoca emoción y ganas de entregar lo mejor. Veo cada *show* como si fuera el primero, me duele el estómago y sudo de los nervios. Rezo y salgo a cuadro con la intención de que la gente reciba un producto de calidad. Eso es lo que marca la diferencia con respecto a otras conductoras; yo soy una obsesiva compulsiva con el trabajo, y veo mi *show* como el hijo varón que no tuve, así que lo cuido y lo procuro.

El equipo se conformaba con hacer lo esencial y con cumplir con los *ratings* espectaculares que siempre tuvimos. Pero para mí eso nunca era suficiente. Si teníamos 18, yo quería 20 puntos y si teníamos 48, yo me esforzaba porque en el siguiente llegáramos a 50. Esa ha sido siempre una característica muy mía: el apasionamiento por querer más y más. Por eso cuando el equipo se relajó me desesperé y dejé salir a la Laura que les exigía.

Los problemas con Wilkins no disminuyeron. En un momento tuvimos una fuerte discusión y ya no acudió al programa. Dos días después me llamó por teléfono antes de empezar el *show* para comentarme sobre una supuesta nota de prensa en la que una empleada de Televisa afirmaba ser amante de Cristian. Tal vez nunca imaginó que yo arrancaría el programa de aquella tarde con ese tema y que encararía a Cristian públicamente.

Si yo le sacaba a todo mundo su vida, ¿por qué no iba yo a sacar la mía? Yo no me callo nunca nada, ni mis pecados, me decía mi madre.

Recuerdo que dije a cuadro: «Hoy quiero demostrarle a todas las mujeres que sabiendo, como saben todas, el amor tan grande que le tengo a Cristian Zuárez, yo estoy haciendo público esto, de lo que me he enterado, y si se comprobara jamás lo volvería a ver porque tengo orgullo y porque tengo dignidad».

Cité a Cristian en el foro y además dije el nombre de la trabajadora. Se armó un tremendo escándalo que provocó incluso que la trabajadora mencionada se presentara en mi oficina junto con su esposo. Lloraba desconsolada, ya que estaba embarazada de ocho meses y su nombre ligado a este escándalo le había generado un problema familiar que desde luego quería solucionar porque ella no tenía nada qué ver. Y ahí no pararon las afectaciones, en Veracruz una joven del mismo nombre había sido severamente castigada por su madre cuando esta pensó que su hija había sido la causante de la separación entre Cristian y yo.

Nada de lo que me dijo por teléfono pudo comprobarse. Pero sí ocurrieron dos cosas: Federico dejó el programa definitivamente y Cristian se fue de la casa. Y hasta ahora sigo esperando una explicación de Wilkins al respecto.

Fue gracias a la intervención de Ricardo Montaner que tiempo después, cuando quedaba claro que todo había sido una mentira, que Cristian y yo nos volvimos a amigar.

Con Gabriel Vázquez Bulman, conmigo y Maru Silva, en el equipo, el programa tomó otro ritmo. La química entre los tres hizo que las «lauraventuras», como le llamaba Gabriel a nuestras salidas de *Laura en acción,* se convirtieran en grandes trabajos de cobertura. El programa cambió de las 5 a las 3 de la tarde y el éxito continuó.

Fue quizá en esta televisora donde más apoyo pude dar a la gente gracias a la participación de Fundación Televisa, cuya labor de asistencia social es impresionante. Fue un gran honor trabajar con ellos porque fui testigo de grandes obras, como la instalación de centros de cómputo en lugares alejados de centros urbanos en diferentes partes de la república, llevando a poblaciones incomunicadas la posibilidad de conectarse con el mundo.

Fui testigo de la implementación de mejoras en colegios, donde contar con salones dignos y mobiliario básico era fundamental para garantizar la educación de los pequeños. Eso me entusiasmaba mucho porque creo firmemente en las grandes transformaciones que experimentan los países cuando se apoya la educación. Ese es un eje importante de acción de Fundación Televisa, y hoy me siento honrada de que a través de mi programa hayamos podido contribuir a la misión social que tiene.

Una de las grandes coberturas fue la que realizamos en septiembre de 2013 luego del paso del huracán Manuel por el estado de Guerrero. Me presenté en Televisa y le dije al equipo que teníamos que ayudar. No era la primera vez que lo hacía, había estado en Monterrey, en Veracruz y en otros lados donde se necesitara. Ese tipo de trabajos no tiene un pago extra para mí, lo hago porque me gusta ayudar y porque lo considero una obligación como comunicadora.

El huracán Manuel devastó municipios como Coyuca de Benítez, donde la gente clamaba por ayuda. Me enteré de varios casos porque puse al servicio de la gente mis redes sociales y ahí llegaron las peticiones de ayuda. Llegamos a Acapulco y algunos de los casos que me empezaron a llegar exigían que el apoyo llegara cuanto antes, con un helicóptero, porque se trataba de una niña con apendicitis, un bebé con pulmonía y otras personas que estaban en peligro de perder la vida.

No lo pensé dos veces, me fui a una plaza donde se había instalado el centro de acopio y donde estaban estacionados los helicópteros que diferentes gobiernos o instituciones habían enviado para prestar ayuda. Me dirigí al piloto de uno de color rojo y llorando le mostré lo que la gente me pedía. En ese momento no sabía que se trataba de uno que era propiedad del gobierno del Estado de México; a mí me daba completamente igual de dónde fuera, yo solo necesitaba conseguir un helicóptero.

Las ocho personas que rescatamos y que están vivas gracias a esto, pueden dar testimonio de que el helicóptero solo fue utilizado para el traslado de víctimas que requerían de ayuda urgente. Lo lastimoso de este caso fue lo que ocurrió después, cuando la periodista Carmen Aristegui dejó en segundo plano a las personas que habíamos rescatado para darle peso a que la unidad pertenecía al gobierno del Estado de México, y no solo eso, fue más allá al especular diciendo que mi visita en la zona de desastre era parte de

un montaje de Televisa para presentar un *show* a costa de la trage-
dia que vivían cientos de familias tras las inundaciones que dejó el
huracán Manuel.

La cobertura que le dio a mi participación en la zona de desastre se sustentaba sobre todo en especulaciones e información no
verificada. Los hechos sacados de contexto que utilizaba para ex-
presarse sobre mí y mi trabajo solo contribuían a alimentar la línea
de periodismo que siempre la ha caracterizado y que solo le ha
dado *rating* porque jamás se ha presentado en las zonas en donde
se requiere ayuda.

Fue a raíz de este incidente, en el que de manera involuntaria
se vio involucrado el gobernador del Estado de México, Eruviel
Ávila, a quien conocí y no perdí oportunidad de disculparme con
él por algo que estoy segura, ni siquiera él sabía. Finalmente, en el
centro de acopio estaban los helicópteros que diferentes gobiernos
o instituciones habían enviado para prestar ayuda y no necesitaba
cumplir un procedimiento para utilizarlo. Se evaluó que la situación lo ameritaba y por eso despegamos.

En realidad Carmen Aristegui utilizó mi participación para
continuar con la guerra que tiene contra Televisa. Dejó de atacar-
me cuando le pedí derecho de réplica, el cual nunca me otorgó.
Y ahora le pregunto, ¿qué habría pasado con esas ocho personas
que fueron recatadas si yo no hubiera llegado con el helicóptero?
¡Estarían muertas!

¿Por qué lo saqué en televisión? Sencillo, era la única forma de
hacer visible la necesidad de la gente y motivar a quienes estuvieran
en posibilidad de ayudar para que lo hicieran. Es lo mismo que
haría cualquier noticiero.

Lo que Carmen hizo me dolió y afectó mucho anímicamente.
Sentí que entre Perú y México no había ninguna diferencia. Finalmente aquí la prensa de izquierda era igual de tendenciosa y per-
secutora. Sentí que a donde fuera no me perdonarían que tuviera
la cercanía y el cariño de la gente más necesitada.

Televisa no me sancionó por lo ocurrido ni sus ejecutivos expresaron algún tipo de opinión. Y al final yo sentí que eso era una muestra de respeto y respaldo a mi trabajo. Repito, siempre me dieron la total libertad para llevar la línea del programa.

Solo con esa libertad fue posible que en 2014 presentara el tremendo caso del feminicidio de Karla López Albert, una jovencita poblana embarazada que fue asesinada a manos de su novio y cuya importancia fue minimizada por el entonces gobernador de Puebla, Rafael Moreno Valle.

El seguimiento puntual que di al caso hizo que la prensa nacional no permaneciera ajena a esto, y que se publicaran notas como la siguiente:

> La conductora de televisión, Laura Bozzo arremetió vía Twitter en contra del gobernador de Puebla, Rafael Moreno Valle, a quien criticó por «tener poca sensibilidad» tras decir que la investigación de Karla López Albert es caso cerrado.
>
> La peruana, quien ha seguido de cerca el homicidio de López Albert, aseguró que «como abogada» podía decirle al gobernador del estado que «un caso está cerrado cuando hay una sentencia condenatoria, por lo tanto sigue abierto».
>
> Ayer el gobernador del estado, Rafael Moreno Valle dio carpetazo al caso de Karla López Albert, encontrada muerta el pasado 2 de febrero en el Distrito Federal, pues aseguró que con el arraigo del principal sospechoso del homicidio, Manuel Forcelledo, la situación «ya no es tema».
>
> Después de esto fue que la conductora, quien acompañó a la familia López Albert incluso en el funeral y entierro de la joven, exigió que el caso llegue a sus últimas consecuencias y se dé a conocer una sentencia para poder decir que es un caso cerrado.

Contar con libertad para darle seguimiento a casos en los que el abuso de poder o la injusticia estaban presentes, sin importar que los protagonistas estuvieran vinculados a la política o a las altas esferas del dinero, fue quizá lo que más aprecié de mi estancia en Televisa porque con ella refrendaba el compromiso de brindar ayuda social. Y la mejor recompensa a mi trabajo fue que esa ayuda tuviera el respaldo de importantes instituciones como los DIF Estatales o de organizaciones civiles dedicadas a combatir el maltrato y la violencia intrafamiliar; o bien, que su foco estuviera en un problema tan grave como la trata de personas, por ejemplo, una de las causas promovidas por Rosy Orozco, defensora de derechos humanos.

Insistiré en varias ocasiones que todas las historias en las que me he involucrado han sido importantes para mí, pero sin duda hay una que además se convirtió en un símbolo en mi vida. Se trata del caso de Valeria, una niña que había desaparecido y la madre estaba desesperada por dar con su paradero. No solo yo me ocupé de la historia, antes el tema fue presentado por quien llegó a suplir mi lugar en Azteca cuando yo dejé esa televisora, ella conducía un programa basado en el formato del mío y en una de sus emisiones afirmó que Valeria había muerto.

La madre vino a mí en busca de ayuda para recuperar el cuerpo de su hija. Me paré frente a la Virgen de Guadalupe, que siempre me acompaña a todas las grabaciones, la miré a los ojos y cuando terminaron los comerciales regresé con la madre de Valeria para decirle: *No está muerta, está viva. Y no solo no está muerta, yo te juro que acá te la voy a traer.* Esto quedó grabado en el programa donde se presentó el caso.

La desesperada mujer no podía creer lo que le decía, acababan de anunciar que estaba muerta y ahora lo que escuchaba la espantaba al mismo tiempo que la llenaba de esperanza. Maru, Cristian y la producción entera me miraban como diciendo ¿¡Qué haces!? ¡¿Por qué le dices eso?!

Me explicaban que no podía decirle eso y darle falsas esperanzas. Todo mundo me regañaba por lo que acababa de suceder. Con toda tranquilidad y certeza les respondí a todos: *Está viva y mañana la vamos a encontrar*. Fue una cosa sensorial, algo de premonición o un mensaje que recibí directo en el corazón. Cristian, que había sido testigo de otras ocasiones en las que me llegaban presentimientos de este tipo, no dijo más.

Al día siguiente, en El Salvador, una mujer que había visto las fotos de Valeria en mi programa llamó a la policía para informar el paradero exacto de la pequeña y eso permitió su rescate inmediato. Cumplí lo que le prometí: al día siguiente del primer programa pude informarle a la madre que Valeria estaba viva, que la habíamos localizado y las reuniríamos finalmente.

Valeria había sido raptada por una red de tratantes que la sacaron inmediatamente de México y ya tenían todo listo para llevarla a Europa, a donde la habían vendido. Un día después la niña fue entregada a los brazos de su madre y ese ha sido uno de los casos en los que mi llanto no dejaba de brotar. Nunca me permito llorar frente a la cámara, pero en aquella ocasión no había manera de contener las lágrimas.

A partir de ese momento Maru, mi productora, siempre dice: *Cuidado con su boca, Laura es bruja*. Y no es que lo sea, simplemente tengo una sensibilidad especial para escuchar ese tipo de mensajes. La señora que nos dio el *tip* gracias al cual encontramos a Valeria fue homenajeada en el *show*.

Rosy Orozco me dijo que era impresionante el trabajo que hacíamos para combatir la trata de personas. Se refería a los 132 niños que habíamos rescatado hasta entonces. No hay otra conductora o periodista que haya logrado eso. Menos habrá quien sume más de 200 operaciones de cataratas y varios millones de dólares en operaciones.

Miles de casos han pasado por mis manos, así que seleccionar los más representativos para formar parte de estas memorias se me hace injusto para todos los demás, porque se necesitaría un libro completo para hacerlos partícipes de toda la problemática que tienen millones de familias en diferentes ámbitos de la vida, como la salud, las condiciones económicas, los usos y costumbres que vulneran los derechos de niños y mujeres o cómo las actividades del crimen organizado han minado las composiciones de las familias.

Mientras redacto estas líneas viene a mi memoria el caso de una madre de familia chiapaneca cuya pequeña hija vino a verme cuando se enteró de que me encontraba en el estado, para suplicarme (temblando y llorando) que por favor rescatara a su madre y a sus hermanos porque su padre los iba a matar a golpes. El nivel de maltrato que sufrían esta mujer y sus hijos era inimaginable. Ella había acudido en tres ocasiones a presentar denuncia de violencia doméstica pero nunca se había hecho nada al respecto. Las razones podían haber sido múltiples: burocracia, respetar los usos y costumbres de esa comunidad en la que los golpes del marido son aceptados, negligencia de la autoridad o simplemente porque era la única realidad que esa mujer conocía y siempre terminaba regresando a casa.

La niña vino a buscarme porque su padre había intentado ahorcar a su mamá, y su abuela se sentía rebasada para brindarle ayuda a su hija y nietos porque su nivel de pobreza era extremo, y de ninguna forma podía hacerse cargo de ellos. Ambas querían que hablara con la mujer y la hiciera entrar en razón.

Encontré a una mujer con visibles huellas de maltrato reciente y con cicatrices añejas. No tenía voluntad ni ánimo para salir de esa situación y dejar a su marido; no era amor lo que la retenía (aunque se empeñaba en repetirlo) era miedo y una falta de valor tremenda porque jamás había sido dueña de su destino. La confronté y le hice ver todo el daño que estaba causando a sus hijos.

Estoy segura de que esta mujer eligió continuar de la misma forma en la que había vivido al lado de ese hombre, pero también sé que gracias a ese caso cientos de mujeres más se vieron reflejadas y tomaron valor para librarse, ellas mismas y a sus hijos, de un ambiente tóxico. Y por esas mujeres es que vale la pena que la televisión cuente con un programa como el que yo hago.

En el estado de Chiapas pude enterarme de los casos más desafortunados que yo recuerde. Mucho tuvo que ver el nivel de pobreza y nula educación que tienen sus habitantes, así como el alto porcentaje de personas que pertenecen a comunidades indígenas, lo que la convierte en una región con alto grado de vulnerabilidad.

Recuerdo también el caso de una mujer indígena y pobre que había perdido la vista. Investigué el caso y fui a su comunidad a conocerla. Había vivido una situación de maltrato extremo: el marido la masacraba a golpes y todo el día la mantenía presa en su casa, colgada como si se tratase de una res, y solo la descolgaba para que le preparara los alimentos y le diera de comer. Durante años, esta mujer fue víctima de todo tipo de vejaciones, ya que, dentro de su comunidad, el maltrato a manos del esposo y el alcoholismo de los hombres forman parte de los usos y costumbres.

Un día el marido llegó borracho a casa y tomó un fierro caliente para maltratarla. La diferencia fue que en esa ocasión no paró con los golpes. El hombre tomó el fierro y se lo atravesó en los dos ojos. Después de eso la siguió moliendo a golpes y la dejó tirada en el piso. Los vecinos la encontraron prácticamente muerta. Alcanzaron a salvarle la vida en un hospital del estado, pero ya tenía un daño irreparable que la dejó ciega.

Esta historia la escuché de su propia voz y me di cuenta de que había sufrido lo indecible. Había sido testigo de muchos casos de maltrato pero ninguno me caló como ese, en lo más profundo del entendimiento y del corazón. Me marcó brutalmente porque la vida de esta mujer había quedado destrozada. Tomé como afrenta personal las agresiones de su marido, así que realicé las acciones pertinentes para que se castigara con todo el peso de la ley lo que había hecho. Una vez que logré que se le otorgara la pena de prisión más alta, mi prioridad fue mejorar el nivel de vida de esta mujer.

Conseguimos construirle una vivienda digna y darle una computadora para ciegos con sistema braille, que le enseñamos a usar para que pudiera seguir en contacto con el mundo. En todos los casos que he conocido, pero particularmente en éste, siempre me pregunto qué es lo que hace que alguien permita que lo lastimen así, qué le impide escapar de ese destino. Cuán dañadas deben estar las psiques de miles de mujeres que se mantienen viviendo en un entorno tan insano, que pueden tolerar incluso que su esposo abuse sexualmente de sus hijas sin que hagan el menor intento por parar esa situación. Esa historia la conocí en Chihuahua.

Una madre, aunque no sé si se le deba llamar así, permitía que su esposo mantuviera relaciones sexuales con sus tres hijas. Por supuesto que se trataba de violaciones. Este degenerado las había embarazado a todas, y fue por la hija mayor que yo me enteré del infierno en el que vivían. No cabía en mi asombro cuando conocí a las dos más chicas, que lloraban para que no se fuera su papá o se lo llevaran preso. La mamá lo sabía y lo permitía. Fue gracias a mi programa que se dio a conocer esta situación y se le brindó toda la ayuda a la chica que pedía ser rescatada. Mi única respuesta a todas las preguntas que me asaltan con estos casos es que las mujeres sometidas a situaciones de maltrato recurrente terminan por volverse tanto o más enfermas mentalmente que sus parejas. Y entonces son tan culpables como quien las vulnera.

Programas como el mío tienen un propósito, más allá de las críticas simplistas que señalan quienes se siente agredidos con que muestre las desigualdades que ha dejado el sistema económico o los gobiernos que no han atendido las necesidades de la sociedad. Si las cifras públicas no nos aterran y nos llaman a levantar la voz, a denunciar y a exigir el actuar de las autoridades, entonces quienes tenemos el poder de estar frente a una cámara no estamos cumpliendo con la misión de servir a la sociedad.

Programas como los que hago son necesarios porque se convierten en la voz de quienes no la tienen, y darle solución a uno es dotar de esperanza a miles más, porque se puede renunciar a una relación violenta, porque las mujeres pueden empoderarse y tomar las riendas de su destino, porque se puede señalar dónde se necesita presupuesto o porque se muestra, de viva voz de quienes sufren, lo que necesitan para hacer un cambio en sus vidas.

Todos y cada uno de los casos que he conocido a lo largo de mi carrera me han marcado. Ya sea aquellos en los que me convertí en un agente de cambio o esos en donde el nivel de crueldad o sordidez que rodeaban a los involucrados eran demasiado lastimosos como para presentarlos en televisión. Casos en los que la realidad superaba a la peor película de terror. Recuerdo uno que investigamos, documentamos, grabamos y al final decidimos no pasar al aire porque mostraba tremendas aberraciones en las mentes de los victimarios y exhibían cruelmente a las víctimas.

Tenía que ver con una chica que fue raptada en Ciudad Juárez, Chihuahua, y apareció tres días después en una carretera en medio del desierto, con una situación crítica de salud. Cuando la llevaron a que le prestaran atención médica, se dieron cuenta de que había sido violada brutalmente y en varias ocasiones. Pero no solo eso, una revisión más detallada arrojó que tenía enterrada una manguera en el ano y que debían operarla de emergencia para extraerla. En el hospital fue acosada por sus victimarios y ello dio pie a que las autoridades tuvieran que cambiarle la identidad para garantizar su vida.

El poder que tiene la televisión y el público que me premia con su confianza han sido fundamentales para resolver un alto porcentaje de los casos que presenté. La gente que me recibía tarde a tarde en sus casas, conformó una red de vigilantes e informantes que permitieron encontrar las respuestas a casos que de entrada parecía que jamás se resolverían.

Por ejemplo, en cierta ocasión nos dirigimos a la frontera en Tijuana para darle cobertura al paso de niños que gracias a un decreto de Obama cruzarían a Estados Unidos para reunirse con sus padres. Cuando terminamos con el trabajo y grabábamos las cortinillas de la emisión a un costado de la carretera se nos acercó un hombre para decirnos que él sabía dónde se encontraba la niña raptada por su hermana que estábamos buscando.

El hombre se refería a un caso que había pasado en televisión una semana antes, donde aparecieron los padres de esta pequeña contando la historia del rapto de su hija por la hermana mayor y el esposo de ésta, temiendo que si no se hacía algo rápido pudieran sacarla del país. En aquella ocasión presentamos fotos y la descripción de la niña, solicitando al público que informara si tenía algún dato al respecto.

El informante aseguraba que la pequeña estaba en un lugar cerca de donde nos encontrábamos, en compañía de una mujer y un hombre que correspondían a las descripciones de los raptores. De camino al lugar nos contó que dos días antes habían intentado cruzar la frontera pero se los había impedido el hecho de que la hermana mayor había entrado en labores de parto.

Me presenté con las autoridades de la localidad, los puse al tanto de la situación y acompañada de ellos nos presentamos en la casa donde se encontraban ocultos. Efectivamente, hayamos a la niña con su hermana mayor, un recién nacido y el esposo de ésta.

La pequeña fue devuelta a sus padres, los captores entregados a las autoridades y el recién nacido al DIF hasta que se resolviera la situación de proporcionarle un tutor puesto que sus padres estaban por enfrentar cargos por secuestro y tráfico de personas.

A comienzos del 2015 tuve la oportunidad de involucrarme en el caso más impactante que pudiera haber imaginado. Se trataba de intentar ayudar a que unas siamesas tuvieran una oportunidad para vivir.

A través de internet llego a Cristian el caso de una mujer de bajos recursos en Michoacán, madre de unas siamesas que estaban unidas a lo largo de toda la espalda. Los primeros informes médicos señalaban que solo una podía sobrevivir, y de seguir unidas las dos morirían. Ahora bien, en caso de que las dos lograran vivir en las condiciones en las que habían nacido jamás podrían caminar. La madre pedía mi ayuda para tener acceso a otras opiniones médicas que le dieran a sus hijas la oportunidad de sobrevivir a ambas.

Sentí mucho miedo a la hora de plantearme intervenir en el caso. Si lograba que otros médicos accedieran a separarlas y en el camino alguna de ellas moría, yo no iba a poder cargar en la conciencia con el peso de esa responsabilidad. Y por otro lado, saber de este problema y no hacer nada para ayudar me causaría una gran frustración. Esta madre prácticamente me estaba pidiendo que hiciera el milagro que la ciencia le estaba negando. Y como siempre ocurre cuando me encuentro frente a la toma de grandes decisiones, dejé que el sueño me diera la claridad para saber qué decidir.

A la mañana siguiente accedí a que nos involucráramos y traje a la Ciudad de México a Estrella y, a Mari y Lupita, las siamesas de ocho meses de edad a las que mediante mi programa y con el apoyo de Televisa, tratarían médicos del Hospital Infantil de México Federico Gómez. En un primer programa presenté a la familia para que todos se enteraran de la historia y motivar que comenzaran a fluir una serie de apoyos que se necesitaban.

Televisa puso a disposición de la familia un departamento para que se instalaran en la Ciudad de México, y el equipo multidisciplinario de médicos del hospital Federico Gómez tomó en sus manos la responsabilidad de evaluar a las pequeñas, a las cuales ya les daban un pronóstico alentador.

Fueron más de ocho meses de estudios y preparativos para la cirugía de separación. Mari y Lupita tuvieron que someterse a dolorosos procedimientos para preparar huesos, músculos y piel. Finalmente, llegó el día en que más de 40 médicos trabajando durante 24 horas en el quirófano dieron como resultado una exitosa cirugía en la que por primera vez Estrella sostuvo a sus hijas en cada uno de sus brazos.

La primera parte del milagro se había conseguido. Tras esa primera cirugía vinieron otra más y un largo proceso de rehabilitación para garantizar que las niñas tuvieran funcionalidad en todos sus órganos y extremidades. Un año y medio después las recibí en mi programa como dos pequeñas totalmente sanas y felices. La felicidad de Estrella y la energía con la que aquellas chiquitas se movían resumían lo que siempre ha sido la esencia de mi programa: servir y ayudar.

La conclusión de esta gran historia me dejó, y también al equipo de producción, estándares muy altos. Hacia diciembre de 2015 yo ya no me sentía cómoda con el formato que tenía el programa, quería más Lupitas y Maris con historias felices, quería más hijas de vuelta con sus padres. Quería hacer más y parte del equipo que me acompañaba ya no tenía el interés de dar más. Nuevamente la investigación y documentación de los casos flaqueaba y un programa que dependía de ello para salir adelante no podía conformarse con hacer lo elemental.

Conversé con los ejecutivos acerca de cómo me sentía y sobre la necesidad de replantear el formato del programa involucrando el contexto de las redes sociales, que cada día cobraban más fuerza. Por su lado, Televisa también había pensado que luego de una temporada de 5 años y con un nivel de audiencia sobresaliente, era un momento propicio para parar el *show*, no desgastar el formato y aprovechar el receso para refrescar las ideas.

Yo estuve de acuerdo. Necesitaba una pausa que me permitiera atender mi vida personal y familiar, y sobre todo, tener un tiempo para mí después de años de no parar. No fijamos fecha para el regreso pero yo tenía la encomienda de diseñar el formato con el que me gustaría volver a la televisión.

En este punto me gustaría señalar que desde que trabajo en televisión, una constante en mi vida ha sido que mis grandes problemas personales siempre se han presentado cuando estoy fuera del aire. Y al cierre del programa, los meses siguientes fueron una verdadera prueba en todos los aspectos.

En 2016 decidí someterme a una operación preventiva para extraer la matriz y el útero, y con ello disminuir el riesgo de padecer cáncer por el tiempo que había llevado un tratamiento a base de hormonas. La operación no conllevaba un riesgo más allá de lo normal en toda operación, perc yo tenía un presentimiento. Tuvieron que convencerme para que ingresara al hospital y bueno, tratando de confiar en el médico y en que no era complicada la cirugía, me interné.

Pero momentos antes de que me trasladaran a la sala de operaciones me bajé de la camilla y grité: «¡No me voy a operar! ¡Ustedes me van a cortar el intestino!» Y me eché a correr. El doctor Álvaro Muñiz me dijo que eso era imposible, que me relajara, que eso no podía suceder. Tuvieron que agarrarme entre varios para llevarme a la sala de operaciones y ponerme la anestesia para calmarme.

Lo que ocurrió, como lo predije, fue que durante el procedimiento me perforaron el intestino sin que los médicos se dieran cuenta. Ellos terminaron de realizar la operación, me cosieron y me llevaron a la sala de recuperación.

Al día siguiente, el intestino explotó y a consecuencia de ello entré en un *shock* séptico que me mandó nuevamente al quirófano de emergencia para que me abrieran y quitaran todo lo que estaba causando una grave infección. Perdí la vida por unos instantes y los médicos tuvieron que emplear labores de resucitación para traerme de vuelta. Fueron varios días en los que estuve grave y bajo estricta supervisión médica.

Hoy por hoy digo que estoy viva solo porque la Virgen de Guadalupe me hizo un milagro. Esa fue la primera operación de cuatro más que le siguieron donde por ocho meses tuve un hoyo en la panza, y era de vital importancia mantenerlo limpio para evitar infecciones y una recaída. Era la segunda vez que me enfrentaba a la muerte desde un quirófano y nuevamente me sentía bendecida por salir con vida y por contar con el apoyo de mi hija Victoria en ese momento.

Este episodio también contribuyó a acrecentar la mala imagen que Vicky seguía teniendo de Cristian. Mientras yo todavía estaba muy delicada en el hospital, él voló a Argentina para estar presente en un *show* que producía y por el que había trabajado durante tres años. En honor a la verdad me habría gustado que no viajara y se quedara conmigo; finalmente, lo que acababa de ocurrirme había sido algo serio y me había tenido al borde de la muerte. Pero también entendí que era un logro en su carrera y era vital que fuera para mantener su independencia económica con base en su trabajo, cosa que a él le importaba mucho. Pero el hecho de que se marchara fue la gota que derramó el vaso para que Vicky volviera a insistirme que «ese hombre no era bueno en mi vida».

Estaba tan débil física y anímicamente por mi estado de salud, que no quise enfrascarme en una nueva batalla y decidí no hacer nada. Mi vida transcurrió los siguientes meses entre operaciones, la recuperación entre una y otra, y un nuevo escándalo de infidelidad.

Por las publicaciones y notas de algunos medios me enteré de una supuesta relación de Cristian con otra mujer con la que además tenía negocios. Me sentí como si hubiera estado nuevamente arrestada, sin posibilidad de enterarme de lo que ocurría en el mundo. Quedé devastada con las noticias que se repetían en todos lados. Traicionada. Esa era la sensación que tenía.

Puedo entender que los problemas de pareja son responsabilidad de ambos. Lo que me causa conflicto comprender es que no exista la confianza para hablar y enfrentar los problemas que llevaron nuestra relación a un estado de crisis. Y de eso tenemos la culpa los dos.

Y todo sucedió conforme a un guion que ya me conocía: enfrenté a Cristian y él negó todo. Me dijo que no me había hablado de ella justamente para evitar que tuviéramos problemas. Lo irónico era que tratando de prevenir lo anterior solo había conseguido que, dados los antecedentes que se habían presentado en otras etapas de la relación, se generara más desconfianza.

Tomé la decisión de separarme de Cristian luego de una acalorada discusión, donde no llegamos a nada y terminé por irme a Acapulco. Debo decir que las semanas posteriores a la separación esperaba ver que hiciera pública su relación con esta otra persona pero esto no ocurrió. Cristian se fue de México a Miami, de ahí a Perú y más tarde a radicar a Argentina.

Todavía hoy, que escribo esta parte del libro, puedo afirmar que jamás ha aceptado, a mí o ante un medio de comunicación que haya tenido o tenga otra relación. Tampoco, al día de hoy, me es posible prever qué nos depara el futuro, lo que sí puedo afirmar es que de él solo guardo los mejores recuerdos, las cosas positivas que dejó en mi vida.

* * *

Restablecida mi salud, mi foco volvió a la televisión. Ya era tiempo de regresar con una fórmula renovada. En estos dos años alejada de las cámaras no solo he seguido vigente para el público, que cariñosamente me saluda y se me acerca cuando me encuentra en las calles, o a través de mis redes sociales, donde la gente ha descubierto un canal directo para plantearme su preocupaciones y necesidades, así que hoy tengo material suficiente para lo que viene.

Afortunadamente esta nueva propuesta empató con los planes de Televisa y, lo que estará al aire, casi al mismo tiempo de que este libro aparezca en librerías, me hace sentir que necesitaba ese tiempo fuera de los *sets* para demostrarme y mostrarle a los demás que hay Laura Bozzo para rato.

Epílogo

Más allá del infierno

Como si se tratase de la crónica de una muerte anunciada, el motivo por el cual se me perseguiría dos años más tarde quedó establecido en marzo del 2000, cuando decidí sacar al aire en mi programa de América Televisión la historia de una madre que pedía el reconocimiento del padre a la hija que juntos habían procreado. Los protagonistas de ese caso eran Lucrecia Orozco, la madre; Zaraí, la hija no reconocida; y Alejandro Toledo, candidato a la presidencia del Perú y padre de aquella pequeña.

Y sin que yo me enterara, mis verdugos habían planeado que el 17 de julio de 2002 yo comenzara a morir metafóricamente, con un arresto arbitrario e infundado que marcaría un antes y un después en mi vida. De 2002 a 2005 los ojos de una nación estuvieron puestos en lo que desde un principio se montó como un gran *show* en el que yo interpretaría el papel de acusada y aquel político, al que había exhibido como un mal padre, llevaba la batuta como mi inquisidor.

Durante tres años de encierro viví en carne propia el peso de un aparato de Estado que quería hacerme pagar por hablar con la verdad. Y se valió de un sistema judicial alterno, operado por mis detractores y totalmente amañando para hacerme sentir que con los políticos uno no debe meterse, porque de ellos son el poder y la impunidad.

Acepté ser arrestada porque soy abogada y confié en que, sin tener culpa alguna, sería sencillo probar mi inocencia y demostrar las artimañas de un gobierno corrupto que se valía de gente pusilánime para acallar a sus enemigos. La decepción más grande fue darme cuenta que teniendo al Estado en contra solo estás a merced de un puñado de personas que se valen de las instituciones para saciar venganzas personales.

El juicio que llevé me dejó, en cambio, la enorme satisfacción de echar por tierra una a una las acusaciones que inventaron en mi contra. Obtuve mi libertad, no solo porque los encargados de enjuiciarme agotaron el tiempo legal sin poder acreditarme culpabilidad, sino porque quedó probada la falsedad de los delitos por los cuales me llevaron a juicio.

Sin embargo, el daño ya estaba hecho. Mis hijas habían sido maltratadas emocionalmente. Mi familia, investigada y exhibida a los ojos del público. Y yo, manchada personal y profesionalmente. Los detalles de todo lo que este infierno dejó en mi vida, los han leído en las páginas anteriores y he sido muy clara en afirmar que, aún después de trece años, los estragos y secuelas aún me persiguen.

¿Por qué escribí este libro? Porque lo vivido me marcó de tal forma que no pude volver a ser la misma. Me lastimó tanto el encierro que a nivel emocional es un trauma no superado, y que se mira hasta en lo más elemental. Jamás las cortinas de mi recámara han vuelto a abrirse. Me convertí en una persona retraída y con mayor grado de desconfianza.

Para escribirlo, reviví tres años de infierno junto con las personas que de alguna y otra forma lo pasaron junto conmigo. Todos aquellos con quienes hablé pensaban que era el ejercicio que me hacía falta para hacer catarsis y por fin cerrar ese capítulo en mi vida.

Lamento no poder estar de acuerdo con ellos en este aspecto y decirles que, revivir lo que fue mi vida antes del arresto, mis días de encierro y lo que me ha costado seguir viviendo, solo alientan en mí la idea de que necesito que los culpables paguen por su infamia.

Si pude transitar durante tres años de estar demostrando mi inocencia y vivir lejos de mis hijas fue precisamente por ellas, por Victoria y por Alejandra, los dos seres a los que amo por sobre todas las cosas y que con solo saber que eran unas niñas (para mí siempre lo serán) que necesitaban tanto de mí, me inyectaban la energía necesaria para levantarme a diario. Si yo soy guerrera, lo soy por ellas.

A ellas les digo: *son y serán siempre mi gran amor, mi mayor adoración y mi motor de vida.* Y aunque sé que quisieran que los temas del arresto y el juicio fueran cosa del pasado y un asunto acabado, tengo la certeza de que al final entenderán lo importante que es para mí la restitución del daño causado. Y sé que contaré con su cariño, fuerza y respaldo para enfrentar lo que venga.

El tiempo ha sido generoso conmigo y me ha permitido ver que la razón me asiste y que quienes me acusaron ahora son perseguidos por sus delitos o están prófugos, escapando de pagar por sus malas acciones.

No, no quiero cerrar con este libro un episodio de mi vida y hacer como que nada sucedió nunca. Pasó, destruyó mi vida, me sigue afectando con sus consecuencias y me siento lista para enfrentar al gobierno peruano y pedir el resarcimiento del daño. Solo así estaré verdaderamente en camino a cerrar el episodio.

El hecho de que se reconozca que fui víctima de una persecución política podría devolverme la posibilidad de entrar a Estados Unidos, y con ello recuperar lo que me fue robado. Pienso en mi sed de justicia como la única alternativa para sanar por completo lo que me hicieron.

Desde el primer día del arresto me pregunto si fue un error involucrarme con la política desde mi programa. Si pienso solo en Zaraí creo que fue un acierto, y que hice bien en presentar su historia y las demandas de su madre. Si recuerdo cómo su padre, Alejandro Toledo, utilizó todo el poder de su investidura presidencial y las instituciones de Estado para destruirme, claro que concluyo que fue un error y que no debí hacerlo.

Sin embargo, evaluar aquello no es tan sencillo. Ahora que el tiempo ha demostrado que Toledo ha estado involucrado en asuntos de corrupción y malversación de fondos, me pregunto: ¿Qué tanto le ha convenido a Zaraí contar con ese apellido? Si yo fuera ella, creo que hace mucho tiempo me lo habría quitado porque está manchado con sangre y sufrimiento de inocentes, tiene un karma que sería preferible que se quedara solo el que lo generó.

Si yo fuera Zaraí ya habría renunciado al apellido paterno y andaría orgullosa por la vida con el apellido Orozco, el de su madre: una mujer luchadora, catedrática, perseguida y amenazada de muerte cuando el padre de su hija quería ocultar lo ocurrido.

Este libro es apenas una muestra de que la historia de mi vida ha sido un transcurrir entre cielo e infierno. No solo por el arresto y lo que sucedido a raíz de éste. En todos los aspectos he sufrido estrepitosas caídas que me han servido para darle valor a lo que verdaderamente tiene sentido en mi vida y que nada tienen que ver con el dinero o el glamour.

El dinero que gané con mi trabajo se fue a manos de quienes decían ayudarme o velar por mis intereses. El glamour que rodea mi vida en televisión no cambia en nada lo que soy porque cuando apenas tenía para comer, no recibía paga y carecía de un auto y un chofer para transportarme al llegar a México, me preocupaban las mismas cosas y seguía luchando por las mismas causas. Con o sin dinero yo soy la misma Laura Bozzo, siempre.

Todo lo que soy está en los miles de programas que contribuyeron a cambiar la vida de muchísimas personas. Todo lo que me llena tiene que ver con la satisfacción de devolverle la salud a alguien, de ayudar a quien lo necesite a librar una injusticia o de cambiar el destino de quienes pusieron sus esperanzas en mí. Eso es lo que le da sentido a mi vida. Estar segura de que si mañana muero, mis hijas, Victoria y Alejandra, sabrán que siempre fueron ellas las que me levantaron y me dieron las fuerzas para continuar. Mis hijas sabrán que mi mayor legado para ellas está en las obras que hice y en el cariño de la gente. Lo que yo no hice en dinero, lo acumulé en el amor del público.

Desde el arresto hay un antes y un después conmigo. Las injusticias, los baches personales, los problemas de salud y empezar de cero en otro país son pruebas que me han cambiado por completo. Ha sido un llamado que la vida me ha hecho para despegarme de mi personalidad obsesiva/compulsiva. Y este libro ha sido el mejor ejercicio de autocrítica. Reconocer que soy una loca impulsiva, defensora de la gente, que no tolero las injusticias ni el sufrimiento de los demás, me ha llevado al cielo con la bendición de estar al frente de un programa de televisión y servir a miles de personas que me premian con su cariño; pero también me ha sumido en el infierno con todos los malos momentos que ya les compartí en las páginas anteriores.

Hoy por hoy puedo afirmar que no me arrepiento de absolutamente nada de lo que he hecho en mi vida, porque todas y cada una de las cicatrices (del alma o en el cuerpo) que llevo conmigo son batallas ganadas, como medallas por pruebas superadas. Son la prueba fehaciente de que no vine a este mundo a pasar inadvertida sino a hacer la diferencia. Y me queda claro, al ser tantas las que llevo, que Dios no manda a la guerra a cualquier soldado, solo a los que son verdaderos guerreros.

Así, esta guerrera está lista para dar batalla en lo que vendrá. Estoy decida a dar el primer paso para hacer que quienes me acusaron injustamente, causándome un daño irreparable, paguen por esa bajeza. No puedo volver el tiempo atrás y borrarlo todo, pero sí puedo exigir justicia y castigo para los verdugos que se prestaron a la infamia ordenada desde la máxima cúpula del gobierno que encabezó Alejandro Toledo. Este libro no concluye nada, es apenas el inicio de una guerra en la que se encontrarán con una invencible guerrera.

Dios te quita pero cuando te devuelve, lo multiplica. A él me encomiendo confiada de que también en esta guerra estará a mi lado.